Schöningh

W0322640

EinFach Mathe 9/10

Modellieren mit Excel

Bearbeitet von:
Gernot Mahn

Unter Mitarbeit von:
Hans-Peter Anders, Karl-Heinz Barth, Konrad Fecke,
Petra Kunert, Hans-Joachim Püffke, Jürgen Thomann

Bildquellenverzeichnis

S. 6, 27 Mitte und unten, 41 Mitte: Zeichnungen: Matthias Berghahn/Verlagsarchiv Schöningh; S. 8: Foto: © Caro/Ruffer; S. 9: Fotos Mitte: KHG Bamberg; Grafik unten links: http://home.fonline.de/fo0126/spiele/denk27.htm; © Wolfgang Appell; Foto unten rechts: IFA-Bilderteam, München/Renz; S. 10: Foto oben: © mediacolors/Klaes; Foto unten: Photo Deutsches Museum München; S. 11: Foto: © F1 ONLINE/Iris Kaczmarczyk; S. 16 unten: http://www.natice.noaa.gov/pub-info/Icebergs/A43A44break.gif; © National Ice Center, Washington; S. 17 Mitte: Foto: © OKAPIA KG, Germany/Hubertus Kanus; S. 20: Foto: © vario-press/bonn-sequenz; S. 23: © Globus Infografik; S. 24: Foto: © dpa-Fotoreport/Michael Jung; S. 27 oben, 28: Zeichnungen: Verlagsarchiv Schöningh/Reinhild Kassing, Kassel; S. 31: Foto: © OKAPIA KG, Germany/Dietrich Rose; S. 33, 43: Fotos: Verlagsarchiv Schöningh/Mahn; S. 41 oben: Foto: picture-alliance/obs, © dpa-Bildfunk, RTL; unten: Foto: © Bildagentur-online/Kevin White; S. 47 oben: Foto: Forschungsinstitut für Alpine Vorzeit der Universität Innsbruck; unten: P. Landmann/Arenok, Paris; S. 53 oben: Foto: akg-images/Dr. E. Strouhal; Mitte: Foto: Photo Archive Jürgen Liepe, Berlin; S. 54: oben: Foto: © ullstein-Archiv Gerstenberg; Mitte: Foto: © WILDLIFE/Harpe; unten: Foto: Michael Kinsky, Landesdenkmalamt Baden-Württemberg; S. 55 unten: Foto: © blickwinkel/H. Pieper; S. 56: © WDR

www.schoeningh-schulbuch.de
Schöningh Verlag, Jühenplatz 1–3, 33098 Paderborn

Druck 5 4 3 / Jahr 2011 10 09
Die letzte Zahl bezeichnet das Jahr dieses Druckes.

Druck und Bindung: westermann druck GmbH, Braunschweig

ISBN 978-3-14-037319-7

Inhaltsverzeichnis

Modellieren mit Excel

Auf CD:

Vorbemerkung

Modellieren mit Excel gehört zu zwei prozessbezogenen Kompetenzen aus den Kernlehrplänen aller Bundesländer:

Modellieren – Werkzeuge und Medien

Beim Modellieren geht es unter anderem um das Erstellen von Tabellen und Graphen zu Realsituationen. Dazu notwendig sind Terme, Zuordnungen und Gleichungen. Lineare und exponentielle Modelle für Wachstumsprozesse werden in diesem Heft mithilfe einer Tabellenkalkulation bearbeitet.

Beim Modellieren geht es um bewusst offene Fragestellungen, zu denen es jeweils eine Exceldatei gibt.

Die Exceldateien enthalten:

- fertige Modelle mit der Nutzung über Schiebeleisten,
- Rahmenbedingungen, die teilweise interaktiv die richtige Eingabe von Daten unterstützen,
- Rahmenbedingungen zur eigenen Programmierung eines mathematischen Modells,
- Möglichkeiten, eine zukünftige Entwicklung zu prognostizieren,
- Kopiervorlagen für die Bearbeitung ohne Excel (*).

Letztendlich bieten die Exceldateien auch die Möglichkeit zur Beantwortung weiterer Fragestellungen, auf deren schriftliche Fixierung in der offenen Aufgabe aber bewusst verzichtet wird.

(*) nicht bei jedem Thema möglich

Zum Aufbau der Exceldateien:

Es gibt Dateien mit so genannten Schiebeleisten. Damit können z. B. Näherungswerte bestimmt werden.

Beispiel:

lineare jährliche Erhöhung [DM]	
CDU	Grüne
0,286	0,350

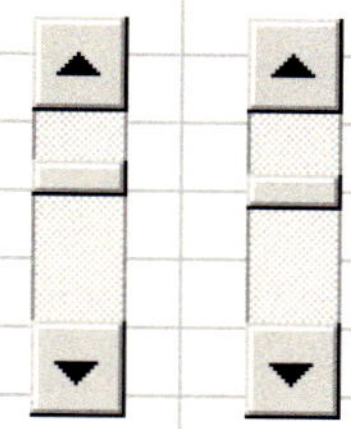

Eingabefelder sind in allen Dateien gelb hinterlegt und teilweise mit Smileys interaktiv gestaltet.

Jahr	Petra	
2002	1.000,00 €	☺
2003	1.030,00 €	☺
2004	1.060,90 €	☺
2005	1.092,73 €	☺
2006	1.125,51 €	☺
2007	1.159,28 €	☺
2008	1.194,06 €	☺
2009	1.229,88 €	☺
2010	1.266,78 €	☺
1011	1.304,78 €	☺
2012	1.343,92 €	☺

Zellen, in denen Formeln einzugeben sind, sind in allen Dateien grau hinterlegt.

Alter	x	y
18	0	35.000,00 €
17	-1	32.941,18 €
16	-2	31.003,46 €
15	-3	29.179,73 €
14	-4	27.463,27 €
13	-5	25.847,79 €
12	-6	24.327,33 €
11	-7	22.896,31 €
10	-8	21.549,47 €
9	-9	20.281,85 €
8	-10	19.088,80 €
7	-11	17.965,93 €
6	-12	16.909,11 €
5	-13	15.914,46 €
4	-14	14.978,31 €
3	-15	14.097,24 €
2	-16	13.267,99 €
1	-17	12.487,52 €
0	-18	11.752,96 €

1 Modellieren durch Annäherung

Wolfgang Schäuble (CDU) forderte vor dem Umweltarbeitskreis der CSU am 20.09.1997, der Liter Benzin müsse 2 DM mehr kosten. – Gemeint war wohl keine plötzliche Erhöhung, sondern eine schrittweise, von 1998 bis 2005.

Die Grünen forderten in ihrem Wahlprogramm zur Bundestagswahl 1998 eine Erhöhung des Benzinpreises auf 5 DM pro Liter in 10 Jahren.

Modellieren durch Annäherung

Datei: Benzinpreise.xls **Tabellenblatt linear**

1. Bestimme durch Probieren die lineare Erhöhung.

	A	B	C	D	E	F	G	H	I	J	K	L
1			Benzinpreis [DM]						lineare jährliche Erhöhung [DM]			
2	Jahr	Zeitpunkt	CDU	Grüne		CDU	Grüne		CDU	Grüne		
3	1998	0	1,50	1,50		1,500	1,500		0,286	0,350		
4	1999	1				1,786	1,850					
5	2000	2				2,072	2,200					
6	2001	3				2,358	2,550					
7	2002	4				2,644	2,900					
8	2003	5				2,930	3,250					
9	2004	6				3,216	3,600					
10	2005	7	3,50			3,502	3,950					
11	2006	8				3,788	4,300					
12	2007	9				4,074	4,650					
13	2008	10		5,00		4,360	5,000					
14												

Erkenntnis:
Eine lineare Erhöhung führt beim Modell der Grünen zu einem höheren Benzinpreis in den Jahren 2005 und 2008.
Die jährlich gleich bleibende Erhöhung führt aber dazu, dass die jährliche prozentuale Zunahme immer niedriger ausfällt.

Datei: Benzinpreise.xls **Tabellenblatt prozentual**

2. Bestimme durch Probieren die prozentuale Erhöhung.

	A	B	C	D	E	F	G	H	I	J
1			Benzinpreis [DM]						prozentuale jährliche Erhöhung	
2	Jahr	Zeitpunkt	CDU	Grüne		CDU	Grüne		CDU	Grüne
3	1998	0	1,50	1,50		1,500	1,500		12,87%	12,80%
4	1999	1				1,693	1,692			
5	2000	2				1,911	1,908			
6	2001	3				2,157	2,153			
7	2002	4				2,434	2,428			
8	2003	5				2,747	2,739			
9	2004	6				3,101	3,089			
10	2005	7	3,50			3,500	3,484			
11	2006	8				3,950	3,930			
12	2007	9				4,458	4,433			
13	2008	10		5,00		5,031	5,000			
14										

Erkenntnis:
Eine prozentuale Erhöhung führt beim Modell von Herrn Schäuble (CDU) zu einem höheren Benzinpreis in den Jahren 2005 und 2008.
Die jährlich gleiche prozentuale Erhöhung führt aber dazu, dass die jährliche absolute Zunahme immer höher ausfällt.

1 **„Plus"-Sparen:** Im ersten Jahr 3 % Zinsen, im zweiten Jahr 5 % Zinsen.

„Extra"-Sparen: Im ersten Jahr 4 % Zinsen und im zweiten Jahr 4 % Zinsen.

Datei: sparen.xls

2 Ein Sportverein hat 3 500 Mitglieder, davon sind 2 000 Jugendliche.
Diese zahlen zurzeit einen monatlichen Beitrag von 5 €, die Erwachsenen 7 €.
Im nächsten Jahr ist eine Reihe von Anschaffungen geplant.
Deshalb beschließt der Vorstand eine Anhebung der Beitragszahlungen auf 26 000 €.

Datei: Sportverein.xls

3 Es gibt im Handel Getränkedosen mit einem Volumen von $\frac{1}{3}$ Liter.

Sie haben folgende Maße:

Durchmesser: __________ , Höhe: __________ .

Behauptung:
Die Verpackung von Getränken in diesen Dosen ist unökonomisch.

Datei: Getränkedose.xls

4 Familie Umsonst braucht dringend ein neues Auto. Herr Umsonst will in den nächsten Tagen zu seiner Bank gehen, um sich über einen Kredit zu informieren. Da sagt Annika: „Das geht doch viel schneller. Wir finden im Internet sicher einen Tarifrechner."

Tarifrechner

Anschaffungspreis	10 800
Anzahlung	
Restrate	5 400

Laufzeit	Zinssatz p.a.	Monatliche Rate
36 Monate	7,9 %	204,52 €

Datei: Tarifrechner.xls

5 Geld leihen zum Kauf eines Neuwagens

Preis: 21 900 €

Händler:
mtl. 61,00 €
Anz. 35 %, 24 Monate, Zielrate 65 %

Bank:
Verbraucherkredit: 6,9 % p.a.

Datei: Neuwagen.xls

Der goldene Schnitt

Schon seit der Antike werden Menschen von einer bestimmten geometrischen Teilung einer Strecke, dem „Goldenen Schnitt“, angezogen. Man findet den goldenen Schnitt in der Architektur von Gebäuden, in Bildern und in der Natur. Er drückt eine gewisse Harmonie aus.

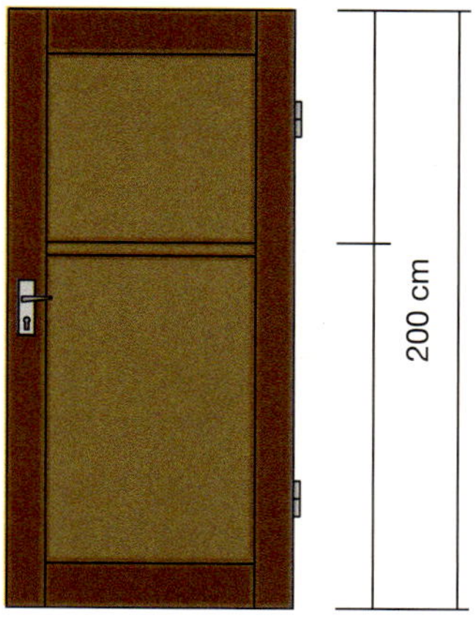

6 Beim goldenen Schnitt wird eine Strecke, z. B. die Höhe einer Tür, so geteilt, dass sich die Länge der ganzen Strecke zu der längeren Teilstrecke so verhält wie die längere Teilstrecke zur kürzeren Teilstrecke.

Das Teilungsverhältnis beträgt etwa ________ : ________.

Datei: goldener Schnitt.xls

7 Als gesichert kann angesehen werden, dass die Griechen den goldenen Schnitt in ihren Bauten verwandten. Der Säuleneingang des Parthenontempels bildet hierbei ein goldenes Rechteck, also ein Rechteck, dessen Seiten sich genau wie der goldene Schnitt verhalten. Ebenso verhält sich die Höhe bis zum First zur Höhe der Säulen wie der goldene Schnitt. Auch an den Ornamenten über den Säulen kann man immer wieder den goldenen Schnitt finden.

Datei: goldener Schnitt.xls

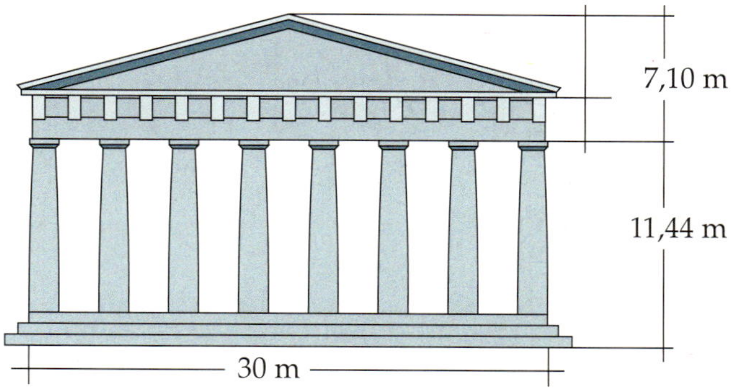

Der Parthenontempel auf der Akropolis

Bei Pflanzen und bei Tieren lässt sich häufig auch der goldene Schnitt vermuten, bei der Sonnenblume z. B. zwischen dem Durchmesser des Fruchtstands und der Blattlänge.

Datei: goldener Schnitt.xls

9 Die Goldene Spirale

Das Bildungsgesetz der Fibonacci-Folge 1; 1; 2; 3; 5; 8; ... erlaubt es, Quadrate mit den Fibonacci-Zahlen als Seitenlänge spiralförmig aneinander zu setzen.

Nach diesem Prinzip geschieht offensichtlich das Wachstum von Schneckenhäusern (Nautilus).

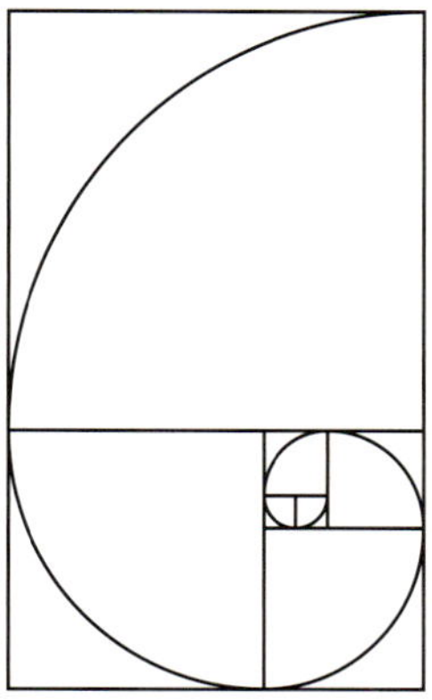

Quadratische Funktionen

10 Der erste Spatenstich für die Müngstener Brücke erfolgte am 26. Februar 1894. Weithin sichtbar schmückten Krone und der Name „Kaiser-Wilhelm-Brücke" dieses imposante Bauwerk, als es am 15. Juli 1897 eingeweiht und dem Verkehr übergeben wurde. Endlich war die direkte Eisenbahnverbindung zwischen den aufstrebenden Industriestädten Remscheid und Solingen geschaffen. Obwohl die beiden Städte lediglich 8 Kilometer auseinander liegen, war bis dahin der Schienenweg über Wuppertal 44 Kilometer lang.

Damals wie heute versetzt die 500 Meter lange Müngstener Brücke die Betrachter in Erstaunen. Trotz ihrer 5 000 Tonnen Eisen und Stahl wirkt sie leicht und filigran. Die verwirrend angeordneten Streben, Gurte, Pfeiler und Verspannungen scheinen sich kaum zu berühren. Doch fast 1 Million Nieten halten alles sicher zusammen. Die Fachwerkkonstruktion insgesamt hat eine Materialoberfläche von 75 000 qm, zu deren Anstrich über 13 000 Kilogramm Farbe benötigt wurden.

Datei: Müngstener Brücke.xls

11 Pont du Gard ist der besterhaltene und imposanteste Teil eines am Anfang des 1. Jhs. gebauten Aquädukts, das das Wasser von der Eure-Quelle bei Uzes über 50 km nach Nîmes leitete. Dieses Aquädukt stellt eine außergewöhnliche Ingenieurleistung für die gallo-römische Epoche dar: Von der Wasserquelle bis Nîmes beträgt der Höhenunterschied lediglich 17 m. Um das Wasser ohne technische Hilfsmittel zum Ziel zu leiten, musste die Wasserleitung eine gleichmäßige Neigung von nur 34 cm pro Kilometer haben. Pont du Gard ist 270 m lang und fast 50 m hoch. Sie besteht aus drei übereinander liegenden Reihen von Arkaden.

Die untere Etage hat 6 Bögen, je 22 m hoch, die mittlere Etage setzt sich aus 11 Bögen zusammen, die je 11 m hoch sind. Über die obere Reihe mit 35 Bögen floss in einem abgedeckten Kanal das Wasser. Die Tatsache, dass der Kanal abgedeckt war, machte die Wartungsarbeiten schwierig und nach 400 bis 500 Jahren war die Wasserleitung verkalkt. Im Mittelalter diente Pont du Gard als Brücke über den Gardon. Pont du Gard zählt laut UNESCO zu den bedeutendsten Kulturdenkmälern der Welt und gehört zu den meistbesuchten Sehenswürdigkeiten Frankreichs.

Datei: Pont du Gard.xls

Lineares Optimieren

12 Ein Landwirt möchte höchstens 40 Hektar seiner landwirtschaftlichen Ackerfläche mit Weizen bzw. Kartoffeln bebauen.

Bei Weizen liegt der Arbeitsaufwand bei 6 Arbeitskraftstunden pro Hektar, bei Kartoffeln beträgt der Arbeitsaufwand 25 Arbeitskraftstunden pro Hektar. Der Landwirt kann neben seiner Hofarbeit höchstens 420 Arbeitskraftstunden im Jahr aufwenden.

Der Anbau von 1 ha Weizen kostet 1 000 €, der von 1 ha Kartoffeln 1 500 €. Der Landwirt hat dafür insgesamt 40 500 € Kapital zur Verfügung.

Beim Verkauf seiner Erzeugnisse erwartet der Landwirt pro Hektar einen Reinerlös von 900 € beim Weizen und 2000 € bei den Kartoffeln.
Er möchte seinen Gewinn **optimieren.** INFO

Datei: Landwirt.xls

13 Die Fertigungsroboter surren und klacken. Die PC-Abteilung des großen Radevormwalder Elektronikkonzerns MaTec montiert Computer mit dem selbst entwickelten „Hekatium^{2GM} Prozessor“. Die Firma kann zurzeit täglich im Drei-Schicht-Betrieb bis zu 120 Prozessoren zum Einbau in die beiden Modelle herstellen. Das Sonderzubehör steht täglich für höchstens 80 Premiummodelle zur Verfügung.
Etwa alle 7 Minuten kann ein Standardmodell, alle 15 Minuten ein Premiummodell fertig gestellt werden.
Pro Standardmodell kalkuliert die Firma 100 € Gewinn, pro Premiummodell 150 €.
Der Chef verlangt maximalen Gewinn.

Datei: Computer.xls

Modell **S**tandard

Modell **P**remium mit Sonderzubehör

14 Für den Einkauf stehen Herrn Müller 20 000 € zur Verfügung.
Auf zwei verkaufte Maschinen des leistungsschwächeren Modells kamen letztes Jahr mindestens drei Maschinen des stärkeren Modells. Den Verkaufspreis kalkuliert er wie folgt: Einkaufspreis der leistungsschwächeren Bohrmaschine +20 %, Einkaufspreis der leistungsstärkeren Bohrmaschine +30 %.
Dieser Betrag wird dann an den nächsten Schwellenpreis angepasst.
(Schwellenpreis ist der nächste durch 5 teilbare ganze Eurobetrag minus 5 ct.)
Ziel: maximaler Gewinn

Datei: Bohrmaschinen.xls

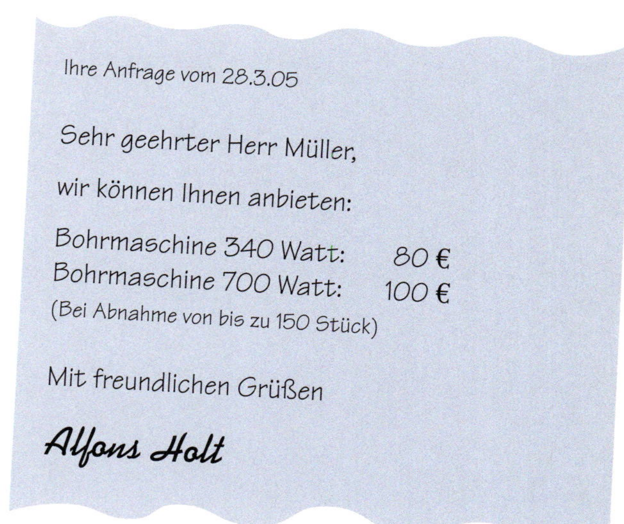
Ihre Anfrage vom 28.3.05

Sehr geehrter Herr Müller,

wir können Ihnen anbieten:

Bohrmaschine 340 Watt: 80 €
Bohrmaschine 700 Watt: 100 €
(Bei Abnahme von bis zu 150 Stück)

Mit freundlichen Grüßen

Alfons Holt

INFO

Lineare Optimierung

Die erste Arbeit über das Gebiet einer mathematischen Optimierung wurde von dem russischen Mathematiker Kantorowicz 1939 veröffentlicht. In der Einleitung seines Buches „Mathematische Methoden in der Organisation und Planung der Produktion“ schreibt er:

Es gibt zwei Wege, die Rentabilität der Arbeit eines Geschäfts, eines Unternehmens oder eines ganzen Industriezweiges zu vergrößern. Ein Weg besteht in verschiedenen Verbesserungen der Technik, z. B. neuem Zubehör für die einzelnen Maschinen, Änderungen der technischen Prozesse und der Entdeckung neuer, besserer Arten von Rohmaterial. Der andere Weg, der bis jetzt viel weniger genutzt wurde, besteht in der Verbesserung der Organisation der Planung.

1956 konnten mit einer IBM-Maschine Probleme der linearen Optimierung mit mehr als 1200 Gleichungen und 1000 Variablen in etwa fünf Stunden mit großer Genauigkeit gelöst werden.

Was ist ein Optimierungsproblem?

Optimieren ist ein Entscheidungsproblem, bei dem unter Einhaltung bestimmter Bedingungen (Restriktionen, Einschränkungen) aus einer Anzahl von Alternativen die unter bestimmten Gesichtspunkten optimale herauszufinden ist.

Grundstruktur eines Optimierungsproblems

1. Restriktionen, die den zulässigen Wertebereich, die Definitionsmenge der Variablen begrenzen.
2. Zielfunktion, die angibt, welche Größe maximiert oder minimiert werden soll.

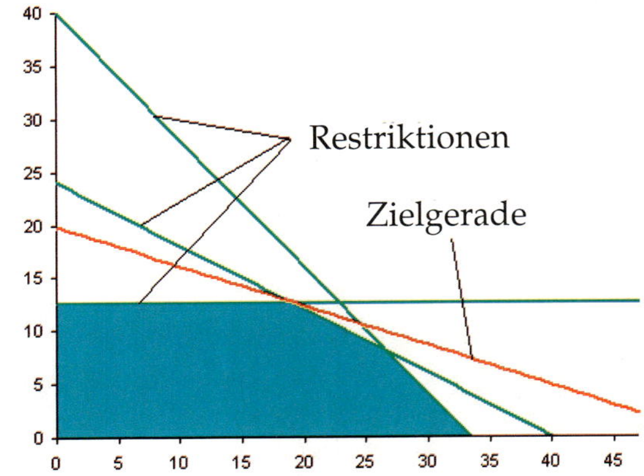

Lineares Optimieren

Vielen Entscheidungen in der Wirtschaft liegen Optimierungsprobleme zugrunde, die sich durch mathematische Modelle mit einer **linearen Zielfunktion und linearen Restriktionen** in Form linearer Gleichungen oder Ungleichungen beschreiben lassen. Diese bezeichnet man als Probleme der Linearen Optimierung.

2 Modellieren mithilfe der Monte-Carlo-Methode

Es regnet Zufallsziffern, wenn du in Excel die Taste F9 betätigst.

Bestimme näherungsweise die Kreiszahl Pi.

Datei: Kreis.xls

Zufallszahlen im Kreis

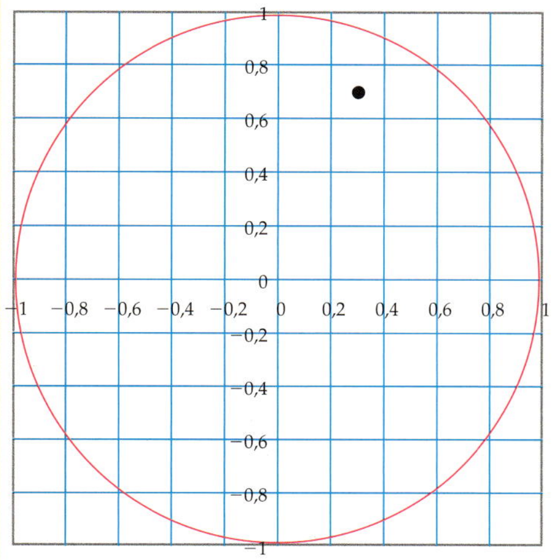

Führe eine beliebige, hinreichend große Anzahl von Versuchen durch und zähle mit.

Punkt im Kreis	
ja	nein

Setze den Anteil der Punkte, die in den Kreis fallen, ins Verhältnis zum Umfang der Versuche; das ist der Anteil am Flächeninhalt eines Quadrats mit dem Flächeninhalt $2r \cdot 2r = 4\,r^2$.

$$A_{(Kreis)} \approx \frac{\text{Anzahl der Treffer (ja)}}{\text{Anzahl der Versuche}} \cdot 4 \cdot r^2$$

Der Quotient $\frac{\text{Anzahl der Treffer (ja)} \cdot 4}{\text{Anzahl der Versuche}}$ ist unabhängig von der Länge des Radius.

Bei hinreichend großem ‚Zählen' nähert der Wert des Quotienten sich der Kreiszahl $\pi \approx 3{,}14\ldots$.

Lösungsskizze:

Punkt im Kreis	
ja	nein
𝍸 𝍸 𝍸 𝍸 𝍸 𝍸 𝍸 𝍸 𝍸 𝍸 𝍸 𝍸 𝍸 𝍸 𝍸 |	𝍸 𝍸 𝍸 𝍸 ||||

$$A_{(Kreis)} \approx \frac{76}{100} \cdot 4 \cdot r^2 \approx 3{,}04\,r^2$$

Modellieren mithilfe der Monte-Carlo-Methode

Bestimme näherungsweise den Flächeninhalt des Bodensees.

Datei: Bodensee.xls

Monte-Carlo-Methode

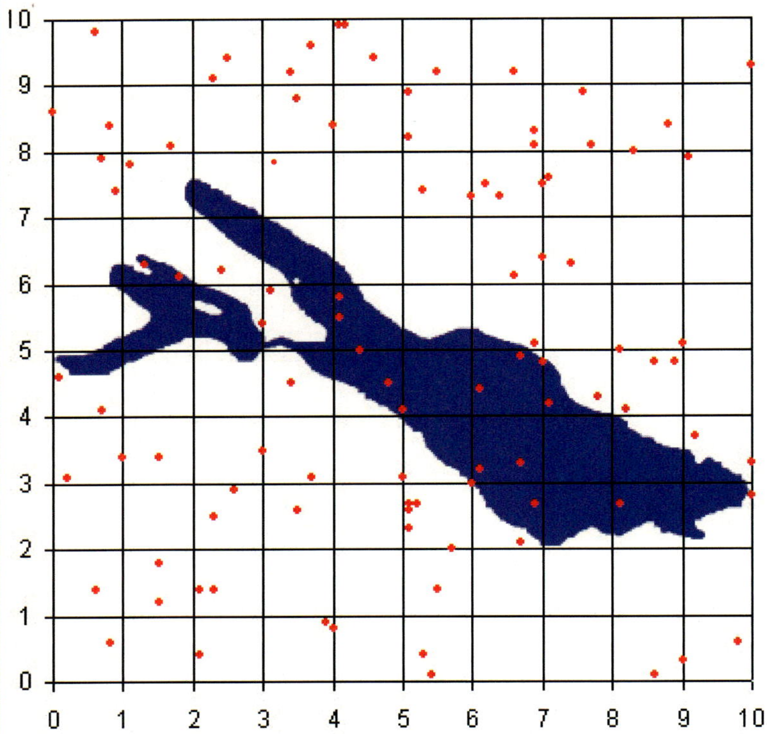

Punkte in der Wasserfläche	Anzahl der Versuche
	100
	100
	100

Setze den Anteil der Punkte, die in die Wasserfläche fallen, ins Verhältnis zum Umfang der Versuche; das ist der Anteil der Wasserfläche an einem Quadrat mit der Seitenlänge von 65 Kilometer.

$$A_{(Bodensee)} \approx \frac{\text{Anzahl der Treffer (ja)}}{\text{Anzahl der Versuche}} \cdot 65\text{ km} \cdot 65\text{ km}$$

Bei hinreichend großem ‚Zählen' nähert sich der Flächeninhalt an 583,5 km^2.

1 Bestimme mithilfe der Monte-Carlo-Methode näherungsweise die Flächeninhalte der einzelnen australischen Bundesstaaten und von ganz Australien.

Datei: Australien Länder.xls

Monte-Carlo-Methode

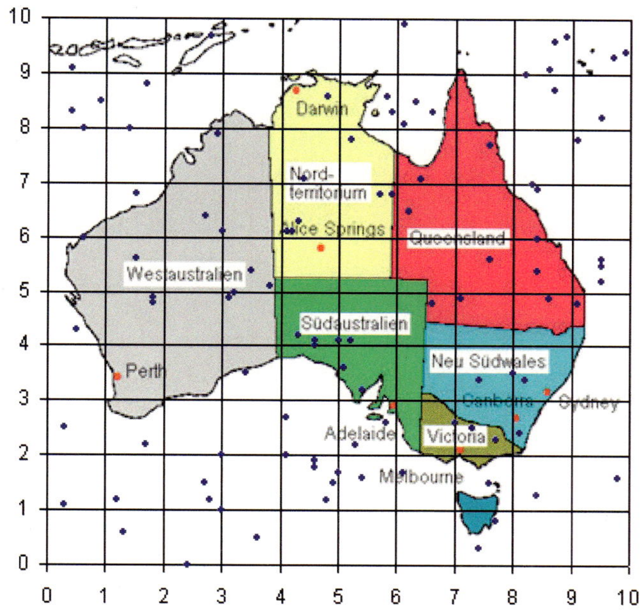

Datei: Australien.xls

Monte-Carlo-Methode

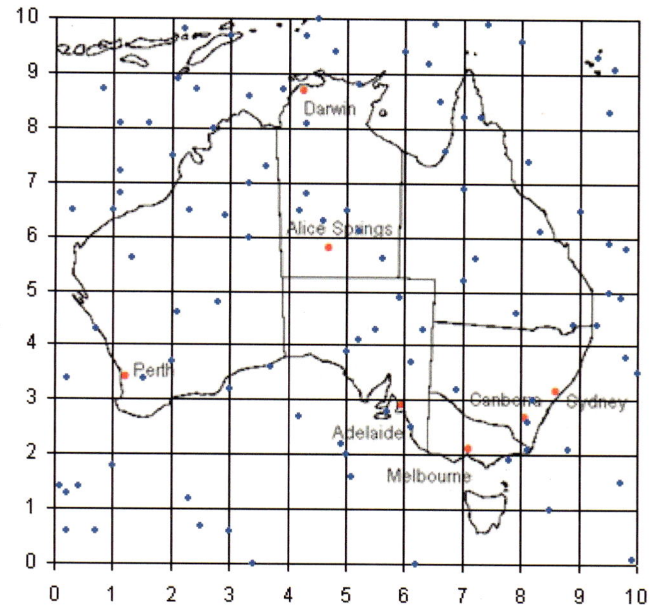

2 Wie hat sich die Größe des Tschadsees von 1963 bis 2000 verändert?
Benutze die Monte-Carlo-Methode.

Datei: Tschadsee1963.xls

Monte-Carlo-Methode

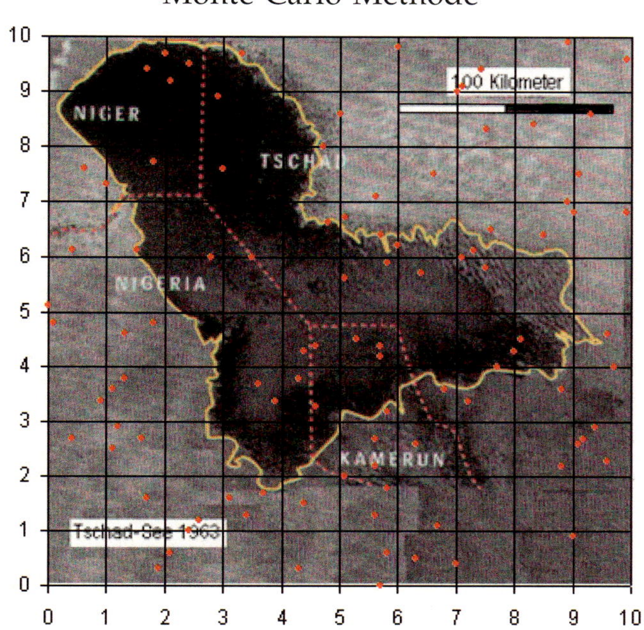

Datei: Tschadsee2000.xls

Monte-Carlo-Methode

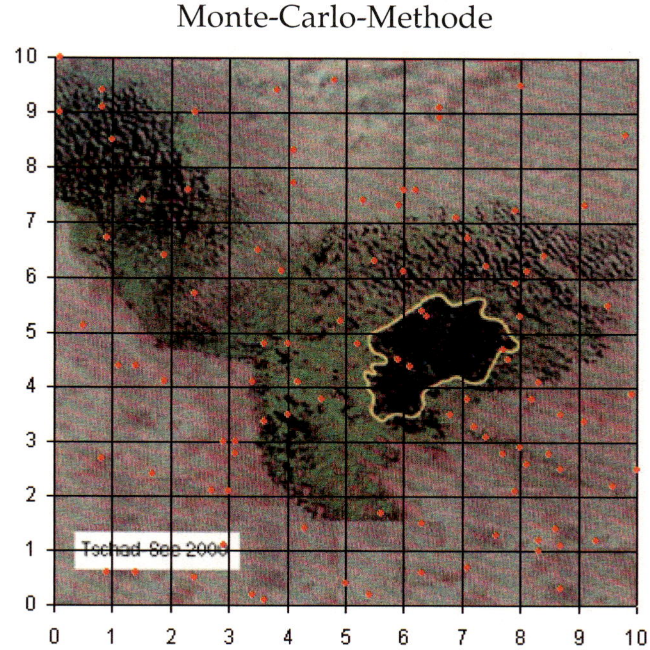

3 Im März des Jahres 2000 löste sich vor dem Ross-Schelfeis in der **Antarktis** INFO der Gigant B-15; er war etwa 11 000 Quadratkilometer groß. Schätzungen zufolge enthielt allein er genug Süßwasser, um Deutschland 45 Jahre lang mit Trinkwasser zu versorgen.
Zusammen mit anderen Eisbergen blockierte B-15 den McMurdo-Sund und schnitt große Kolonien von Pinguinen von ihren Brutplätzen ab. Millionen der Seevögel verendeten deshalb, da sie ihre Brutgebiete „zu Fuß“ statt schwimmend erreichen mussten. Besonders die kleineren und schwächeren Pinguine sowie die Eier in den Nestern wurden dabei das Opfer großer Raubseemöwen. Pinguin-Forscher Gerald Kooyman sagte der „Antarctic Sun“, knapp drei Viertel der Kaiser-Pinguine, die früher an Kap Crozier auf der Ross-Insel gezählt worden waren, seien inzwischen verschwunden.

Eine Meldung des National Ice Center (USA) vom 10. Mai 2000 zeigt erneut einen gewaltigen Eisabbruch an der westlichen Kante des Filchner-Ronne-**Schelfeises** INFO an. Den Angaben des Centers zufolge hat der größte der drei Eisberge A-43A eine Länge von 168 km x 33 km, ca. 5 500 Quadratkilometer. Die kleineren A-43B und A-44 sind immerhin noch 84 km x 35 km (ca. 2 900 Quadratkilometer) bzw. 60 km x 32 km (1 900 km^2) groß.

Der Eisberg A-43 war am 5. Mai zum ersten Mal auf den Satellitenbildern zu erkennen. Demnach brach er am Nachmittag des 4. Mai von der Schelfeiskante ab. Zwei Tage später bricht A-43 auseinander, die Eisberge A-43A und A-43B entstehen und ein weiterer Eisberg (A-44) löst sich vom Schelfeis ab. Insgesamt haben sich auf einer Länge von etwa 300 Kilometern Eisberge mit einer Gesamtfläche von 10 000 Quadratkilometern abgelöst. Das sind etwa 2 % der Gesamtfläche des Filchner-Ronne-Schelfeises (507 000 Quadratkilometer). Nimmt man eine mittlere Mächtigkeit von 230 Metern an, so entspricht dies einem Süßwasservolumen von etwa 2 400 km^3.

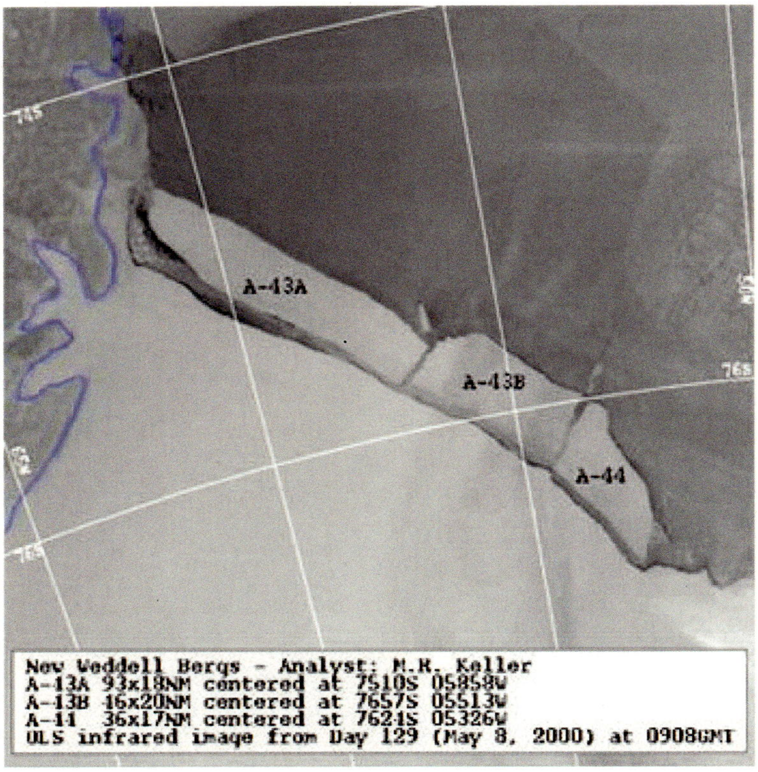

Für deine Arbeit benötigst du möglicherweise die Kantenlänge des Luftbildes. Hilfe bietet das **Gradnetz.** INFO

Datei: B-15.xls

INFO

Antarktis

Das Südpolargebiet besteht bei einer Fläche von 13,98 Millionen km² aus dem antarktischen Kontinent (Antarktika), Inseln und Meeren. Ost- wie Westantarktis werden von einer Inlandeismasse bedeckt, die eine mittlere Höhe von 2 000 bis 2 500 m aufweist. Weddell- und Rossmeer greifen weit in den „Kontinent" ein. Diese Gebiete sind von Schelfeistafeln erfüllt; am Rand entstehen die Tafeleisberge. Die Temperaturen des sommerkalten Kontinentalklimas steigen selten über Null Grad Celsius. Die Antarktis ist das kälteste Gebiet der Erde mit Minimalwerten bis minus 88 Grad Celsius; 30 bis 600 Millimeter Niederschläge jährlich fallen meist im Sommer als Schnee. Stürme mit bis zu 90 m/s Geschwindigkeit sind häufig.

Schelfeis

Schelfeis sind auf dem Meer schwimmende Eisplatten, die vom Eis auf dem Festland gespeist werden. In der Antarktis sind 1,54 Millionen Quadratkilometer Fläche von Schelfeis bedeckt. Die Dicke des Schelfeises beträgt am seewärtigen Rand 200 bis 300 Meter, sie kann bis auf 1 000 Meter zunehmen. Die Dicke hängt vom Zustrom zum Festland, Druck, Abschmelzen und Anfrieren von Eis ab. Am Rand des Schelfeises entstehen durch Abbruch Eisberge.

Das Gradnetz der Erde verstehen

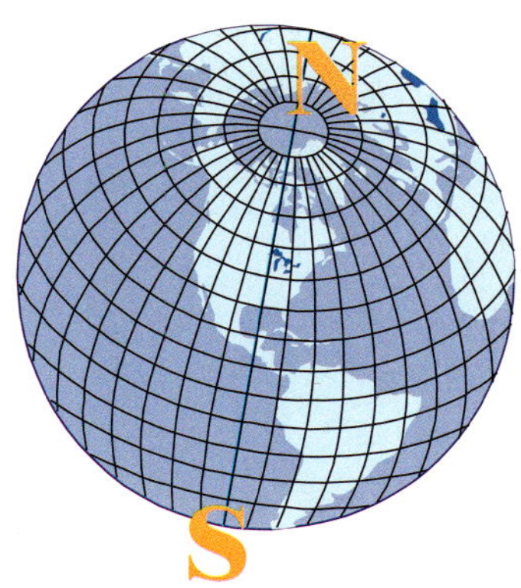

Eine waagerechte Linie verläuft in gleichem Abstand zu den Polen um die Erde. Sie teilt die Erdkugel genau in zwei gleiche Hälften, die Nord- und die Südhalbkugel. Diese Linie, ein Breitenkreis, heißt Äquator, was so viel bedeutet wie „Gleichmacher". Der Äquator hat die Breitenbezeichnung 0 Grad.
Zwischen dem Äquator und den Polen verlaufen jeweils in gleichem Abstand parallel zum Äquator 90 Breitenkreise nach Norden und 90 Breitenkreise nach Süden.
Der Abstand von einem Breitenkreis zum nächsten beträgt 111 Kilometer.
Um die Erde auch in west-östlicher Richtung einzuteilen, denkt man sich Linien, die senkrecht zu den Breitenkreisen verlaufen und von Pol zu Pol „gespannt" werden. Diese Halbkreise nennt man Längenkreise (Mittagslinien). Der Name kommt daher, weil in Orten, die auf demselben Längengrad liegen, zur selben Zeit Mittag ist.
Man hat international festgelegt, dass der Längenkreis 0 durch die Sternwarte von Greenwich bei London verläuft. Von hier zählt man 180 Grad nach Westen, die westliche Länge, und 180 Grad nach Osten, die östliche Länge.
Mit den Breitenkreisen und den Längenkreisen lässt sich jeder Fleck der Erde exakt bestimmen.

3 Modelle bilden

Sarah möchte sich ihr erstes Auto kaufen. Sie schätzt, dass sie pro Jahr ca. 15 000 km fahren wird.

Als Nutzungsdauer kalkuliert sie fünf Jahre ein. Ihr Vater sagt, dass bei einer Fahrleistung von 15 000 km pro Jahr etwa 200 € Werkstattkosten anfallen (TÜV, Inspektion usw.).

Der ADAC hat gerade veröffentlicht, dass jeder gefahrene Kilometer für Sarahs Wunschfahrzeug ca. 25 ct kosten soll.

Benzinkosten am 30.10.2003

Diesel	$1{,}02^9$
Benzin	$1{,}14^9$
Super	$1{,}17^9$
Superplus	$1{,}21^9$

Gebrauchtwagen

Preis: 6900 €

85 PS, 1789 ccm

Verbrauch 8,3 l/100 km*
Super bleifrei (OZ 95)

Steuer: 5,11 € je angefangene 100 ccm

Versicherungsumfang	Zugang Abgang Änderung	Regional-klasse	Typklasse	Beitrags-klasse	Beitrags-satz	Beitrag
Kfz-Haftpflicht-versicherung	14.05.04	08	14	SF 4	65 %	259,50 €
Fahrzeugversicherung	14.05.04	07	15	SF 4	70 %	396,90 €
Gesamt (jährlich)						556,40 €

Modelle bilden

Datei: Autokosten.xls — **Tabellenblatt schriftlich**

1. Entnimm für Spalte B die nötigen Angaben aus dem Text.

Berechne schriftlich die Betriebskosten für einen Kilometer in Spalte E.

	A	B	C	D	E
1	Wie teuer ist ein Autokilometer ???				
2					
3					
4				Angaben pro Jahr	
5	Kaufpreis			Fahrleistung in km	
6	Nutzungsdauer (Jahre)			Kapitalkosten	
7	Werkstatt / Pflegekosten (jährlich)			Werkstatt / Pflegekosten	
8	Treibstoffkosten pro Liter			Treibstoffkosten	
9	Verbrauch in Liter pro 100 km			Steuer	
10	Steuer pro 100 ccm			Versicherung	
11	Hubraum (ccm)			Gesamtkosten	
12	Versicherung (jährlich)				
13	jährliche Fahrleistung				
14				Durchschnittskosten pro Monat	
15				Durchschnittskosten pro km	
16					
17					

Datei: Autokosten.xls — **Tabellenblatt Modell**

2. Programmiere die grau markierten Felder.

	A	B	C	D	E
1	Wie teuer ist ein Autokilometer ???				
2					
3					
4				Angaben pro Jahr	
5	Kaufpreis	6.900,00 €		Fahrleistung in km	15000
6	Nutzungsdauer (Jahre)	5		Kapitalkosten	1.380,00 €
7	Werkstatt / Pflegekosten (jährlich)	200,00 €		Werkstatt / Pflegekosten	200,00 €
8	Treibstoffkosten pro Liter	1,179 €		Treibstoffkosten	1.467,86 €
9	Verbrauch in Liter pro 100 km	8,3		Steuer	91,98 €
10	Steuer pro 100 ccm	5,11 €		Versicherung	556,40 €
11	Hubraum (ccm)	1789		Gesamtkosten	3.696,24 €
12	Versicherung (jährlich)	556,40 €			
13	jährliche Fahrleistung	15000			
14				Durchschnittskosten pro Monat	308,02 €
15				Durchschnittskosten pro km	0,25 €
16					

1 Man gebe z. B. die Zahlen von 2 bis 100 in ein Sieb und siebe nach und nach jene Zahlen aus, die Vielfache von anderen sind.

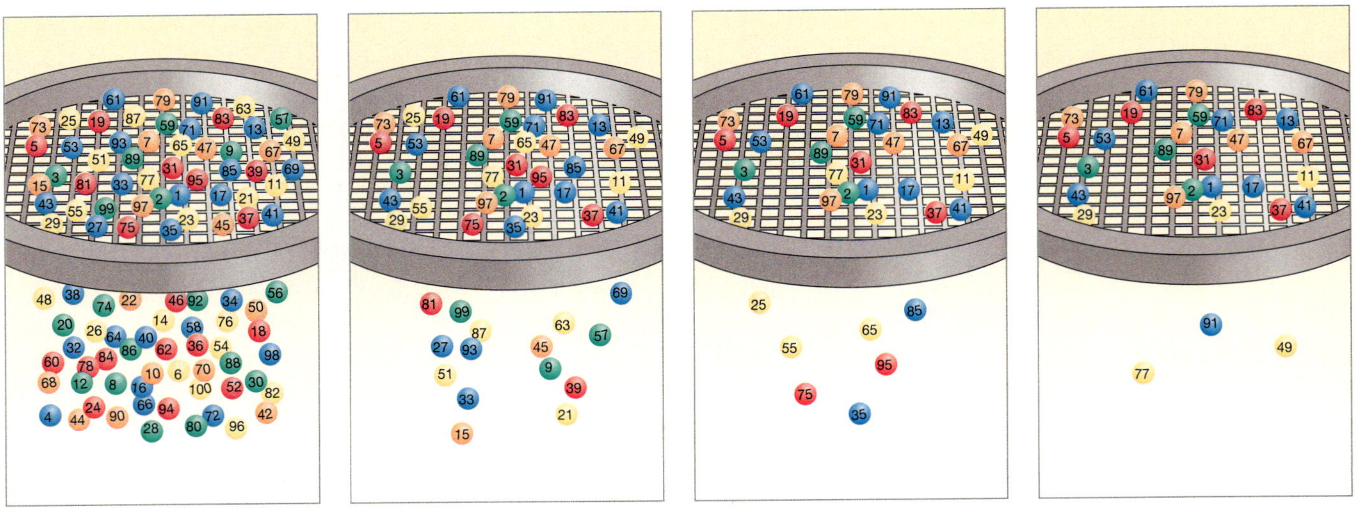

Die übrig gebliebenen Zahlen sind die Primzahlen; sie sind nur durch 1 und sich selbst teilbar.
Das ist das Sieb des Erathostenes.

Datei: Erathostenes.xls

2 Fahrgemeinschaften sind eine der wenigen Möglichkeiten, auf dem Weg zur Arbeit in nennenswertem Umfang Kraftstoff und Geld zu sparen. (ADAC-Broschüre: „Fahrgemeinschaften im Berufsverkehr")

Energieeinsparung – darum geht's. Hat die Kraftstoffeinsparung tatsächlich „nennenswerten Umfang"?
Wenn in jedem Auto mehr Leute mitfahren, fahren weniger Autos, die Energie „fressen". – Klar!
Aber die Autos, die fahren, sind auch schwerer und verbrauchen mehr Benzin. Das muss man sich wohl genauer ansehen, um genau argumentieren zu können.

Für den Benzinverbrauch gilt die Faustformel:

Pro 100 kg Zusatzmasse verbraucht ein Wagen auf 100 km etwa 0,5 Liter mehr.

Für jede zusätzliche Person werden 75 kg angenommen.

Ein Beispiel:

Das Fahrzeug von Herrn Meyer verbraucht im Schnitt 8,7 ltr / 100 km. Sein Arbeitsplatz ist 36 Kilometer von seinem Wohnort entfernt.
Benzinpreis am 30.12.2003: 1,089 € pro Liter

Datei: Fahrgemeinschaften.xls

3 Zinsen vergleichen

Sparbuch: 1,5 % Zinsen jährlich	„Lockvogel"-Angebot: $\frac{1}{2}$ Jahr 4 %, dann 1,4 % Zinsen
Sparbrief, 3 Jahre fest: Zinssatz p.a. 2 %	Sparbrief dynamisch, Zinssätze: 1. Jahr: 1,2 % 2. Jahr: 1,7 % 3. Jahr: 1,4 %

Juliane hat zur Konfirmation 900 € bekommen.
Sie beschließt, diesen Betrag bis zum Ende ihrer Schulzeit in drei Jahren anzulegen.

Datei: Zinsdurchblick.xls

4 Löhne und Preise

- Wenn die Löhne stärker als die Preise steigen, wird die Bevölkerung reicher – die Kaufkraft steigt.
- In den Jahren 1990 bis 1999 kam es dreimal zu einem realen Einkommensverlust.
- Von 1993 bis 1999 wurden die Bruttoeinkommen der Beschäftigten um 11,3 % gesteigert. Die Nettoverdienste sind aber deutlich schwächer gestiegen – nämlich um 4,7 %. Berücksichtigt man noch die Preissteigerungen, dann bleibt auch von dieser ohnehin schon niedrigen Nettolohnerhöhung nichts mehr übrig. Im Gegenteil: Unterm Strich bleibt ein Reallohnverlust (Kaufkraftverlust) von 5 %.
- In Deutschland stieg der Preisindex INFO für die Lebenshaltung aller privaten Haushalte von 1991 bis 1999 um 20,33 %. Der Lohnindex stieg im gleichen Zeitraum um 21,3 %.

Datei: Löhne und Preise.xls

Jahr	Lohnerhöhung (durchschnittlich)	Inflation
1990	4,9 %	2,7 %
1991	6,5 %	3,6 %
1992	5,6 %	5,0 %
1993	3,2 %	4,5 %
1994	2,2 %	2,7 %
1995	2,2 %	1,7 %
1996	1,6 %	1,4 %
1997	1,6 %	1,9 %
1998	1,6 %	1,0 %
1999	1,6 %	0,6 %
2000	1,6 %	1,9 %
2001	1,6 %	2,5 %

5 Rauchlos zu Reichtum

10 € am Tag entsprechen rund 60 Zigaretten.
5 € am Tag entsprechen rund 30 Zigaretten.
3 € am Tag entsprechen rund 18 Zigaretten.
Das Geld für ein Luxusauto spart jemand, der für drei Euro pro Tag geraucht hat und 30 Jahre lang sein Geld mit vier Prozent Zinsen anlegt.
Wer vorher 60 Zigaretten täglich rauchte, kann sich nach 30 Jahren für 206 280 € eine Wohnung kaufen.

Datei: rauchen.xls

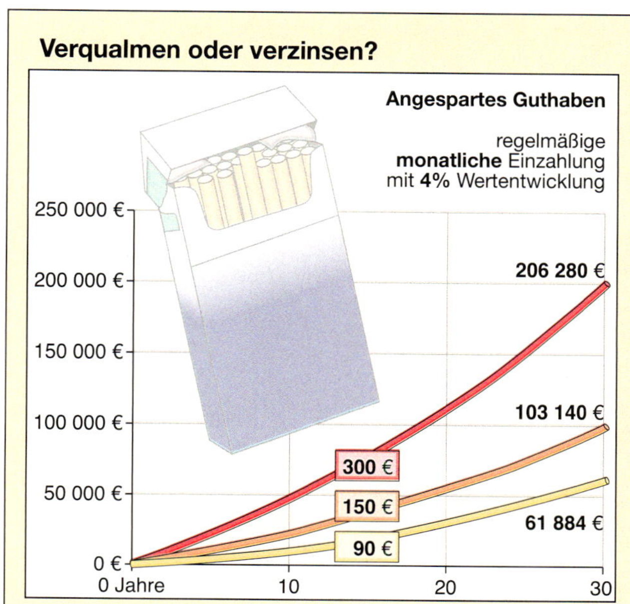

6 Sozialversicherungsbeiträge und Lohnsteuer 2004

Versicherungsbeiträge		Beitragsbemessungsgrenze	
Rentenversicherung	19,50 %	Rentenversicherung	5 150,00 €
Arbeitslosenversicherung	6,50 %	Arbeitslosenversicherung	5 150,00 €
Krankenversicherung (*)	13,00 %	Krankenversicherung (*)	3 487,50 €
Pflegeversicherung	1,70 %	Pflegeversicherung	3 487,50 €

(*) unterschiedlich je nach Krankenkasse

Die Sozialversicherungsbeiträge teilen sich Arbeitgeber und Arbeitnehmer je zur Hälfte.

Datei: Abgaben.xls

7 Anwendungsvorschriften zum Einkommensteuergesetz 2004

Für den Veranlagungszeitraum 2004 gilt folgende Fassung:
Die tarifliche Einkommensteuer bemisst sich nach dem zu versteuernden Einkommen. Sie beträgt vorbehaltlich der §§ 32b, 34, 34b und 34c jeweils in Euro für zu versteuernde Einkommen:

bis 7 664 € (Grundfreibetrag):	0
von 7 665 € bis 12 739 €:	$(793{,}1 \cdot y + 1\,600) \cdot y$
von 12 740 € bis 52 151 €:	$(265{,}78 \cdot z + 2\,405) \cdot z + 1\,016$
von 52 152 € an:	$0{,}45 \cdot x - 8\,845$

„y“ ist ein Zehntausendstel des 7 664 € übersteigenden Teils des auf einen vollen Euro-Betrag abgerundeten zu versteuernden Einkommens (zvE).

$$y = \frac{zvE - 7664}{10\,000}$$

„z“ ist ein Zehntausendstel des 12 739 € übersteigenden Teils des auf einen vollen Euro-Betrag abgerundeten zu versteuernden Einkommens.

$$z = \frac{zvE - 12\,739}{10\,000}$$

„x“ ist das auf einen vollen Euro-Betrag abgerundete zu versteuernde Einkommen.

Datei: SteuerTab04.xls

INFO

Preisindex

In der Bundesrepublik Deutschland gibt es ein nahezu lückenloses System von Preisindizes. Alle Indizes haben das Ziel, die Entwicklung in einem bestimmten Bereich auf eine Kennziffer zu komprimieren und damit eine „Messlatte" zu liefern, an der Veränderungen gegenüber einem Vergleichszeitraum quantifiziert werden können.

Der Preisindex für die Lebenshaltung ist wohl einer der bekanntesten Indikatoren. Er zeigt an, in welchem Maße die Gesamtheit aller privaten Haushalte in Deutschland von Preisveränderungen betroffen ist. Für den Preisindex der Lebenshaltung aller privaten Haushalte gilt ein so genannter Warenkorb. In ihm werden entsprechend ihrer Verbrauchsbedeutung verschiedene Waren gewichtet.

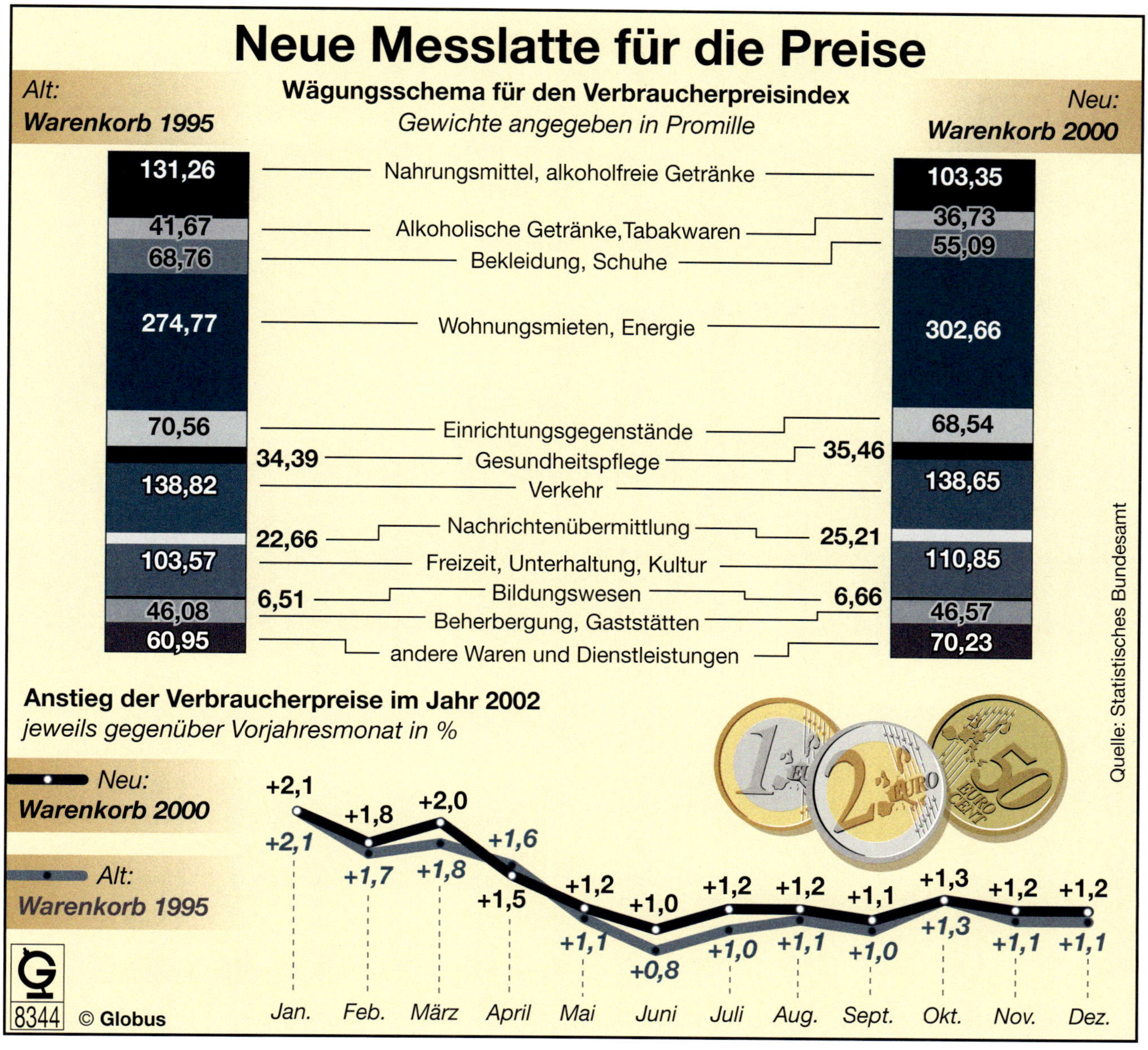

4 Modell und Diagramm

Das endgültige Ergebnis der Bundestagswahl 2005

Wahlberechtigte	61 870 711
Wähler	48 044 134
Wahlbeteiligung	–
Ungültige Stimmen	756 146

	Zweitstimmen	Sitze
SPD	16 194 665	213
CDU	13 136 740	173
CSU	3 494 309	46
B90/Grüne	3 838 326	51
FDP	4 648 144	61
Die Linke	4 118 194	54
NPD	748 568	
Andere	1 109 044	
Gesamt	47 287 988	

Für die Legislaturperiode 2005–2009 gibt es im Deutschen Bundestag 598 Sitze. Dazu kommen Überhangmandate: 9 für die SPD und 7 für die CDU. Überhangmandate kommen dadurch zustande, dass eine Partei durch die Erststimmen mehr Wahlkreise gewinnt, als ihr Sitze nach den Zweitstimmen verhältnismäßig zustehen.

Die Sitze werden nach dem Hare-Niemeyer-Verfahren INFO verteilt.

Datei: Wahlen.xls

Modell und Diagramm

Datei: Wahlen.xls **Tabellenblatt Daten**

	A	B	C	D	E	F	G	H	I	J	K	L	M	N	O	P	Q
1																	
2		598		*Sitzanzahl*													
3																	
4		16		*Überhangmandate*													
5																	
6		absolut		Prozent			(*)										
7				(*)													
8	Wahlberechtigte	61870711		—													
9	Wähler	48044134		—													
10	Wahlbeteiligung	—		77,65%	☺												
11	Ungültige Stimmen	756146		1,57%	☺												
12	Gültige Stimmen	47287988	☺	98,43%	☺												
13																	
14		Stimmen		Prozent		Stimmen nach Anwendung der 5% Klausel		Sitzverteilung (*)		Sitzveteilung nach Ganzzahl		fehlende Sitze nach Dez.		Überhang		Sitzverteilung	
15						ja											
16	SPD	16194665		34,25%	☺	16194665	☺	213,1704	☺	213	☺			9		**222**	☺
17	CDU	13136740		27,78%	☺	13136740	☺	172,9189	☺	172	☺	1		7		**180**	☺
18	CSU	3494309		7,39%	☺	3494309	☺	45,9956	☺	45	☺	1				**46**	☺
19	B 90 / Grüne	3838326		8,12%	☺	3838326	☺	50,5239	☺	50	☺	1				**51**	☺
20	FDP	4648144		9,83%	☺	4648144	☺	61,1835	☺	61	☺					**61**	☺
21	Die Linke	4118194		8,71%	☺	4118194	☺	54,2078	☺	54	☺					**54**	☺
22	NPD	748566		1,58%	☺	0	☺	0,0000	☺	0	☺					**0**	☺
23	Andere	1109044		2,35%	☺												
24																	
25	Gesamt	47287988	☺	100,01%	☺	45430378	☺			595	☺	3	☺			**614**	☺

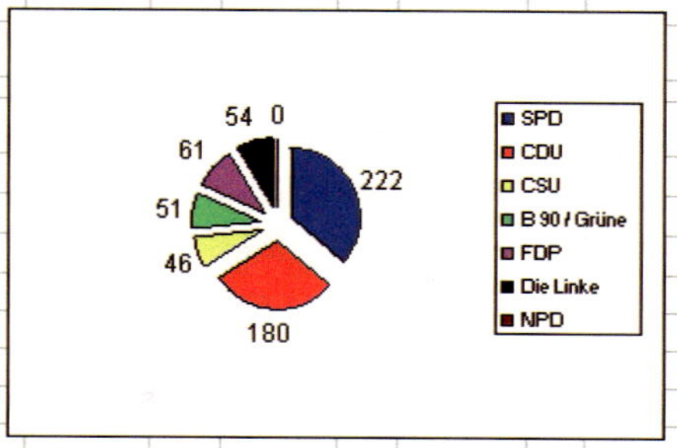

Datei: Wahlen.xls **Tabellenblatt Modell**

	A	B	C	D	E	F	G	H	I	J	K	L	M	N	O	P	Q
1																	
2		598		*Sitzanzahl*													
3																	
4		16		*Überhangmandate*													
5																	
6		absolut		Prozent													
7																	
8	Wahlberechtigte	61870711		—													
9	Wähler	48044134		—													
10	Wahlbeteiligung	—		77,65%	☺												
11	Ungültige Stimmen	756146		1,57%	☺												
12	Gültige Stimmen	47287988	☺	98,43%	☺												
13																	
14		Stimmen		Prozent		Stimmen nach Anwendung der 5% Klausel		Sitzverteilung		Sitzveteilung nach Ganzzahl		fehlende Sitze nach Dez.		Überhang		Sitzverteilung	
15						ja											
16	SPD	16194665		34,25%	☺	16194665	☺	213,1704	☺	213	☺			9		**222**	☺
17	CDU	13136740		27,78%	☺	13136740	☺	172,9189	☺	172	☺	1		7		**180**	☺
18	CSU	3494309		7,39%	☺	3494309	☺	45,9956	☺	45	☺	1				**46**	☺
19	B 90 / Grüne	3838326		8,12%	☺	3838326	☺	50,5239	☺	50	☺	1				**51**	☺
20	FDP	4648144		9,83%	☺	4648144	☺	61,1835	☺	61	☺					**61**	☺
21	Die Linke	4118194		8,71%	☺	4118194	☺	54,2078	☺	54	☺					**54**	☺
22	NPD	748566		1,58%	☺	0	☺	0,0000	☺	0	☺					**0**	☺
23	Andere	1109044		2,35%	☺												
24																	
25	Gesamt	47287988	☺	100,00%	☺	45430378	☺			595	☺	3	☺	16	☺	**614**	☺

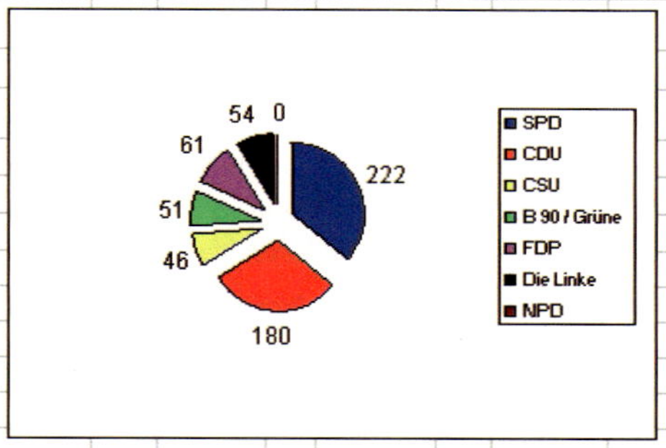

INFO

Das Hare-Niemeyer-Verfahren

Bezeichnungen: Hamilton-Verfahren, Hare-Niemeyer oder Niemeyerverfahren, Verfahren der größten Reste, Quotenmethode mit Ausgleich nach größten Resten, Quotientenmethode mit Restausgleich nach größten Bruchteilen, Verfahren der mathematischen Proportion, Mathematisches Proportionsverfahren, largest remainder, Vinton's method of 1850

Beschreibung: Das Verfahren ist ein Quotenverfahren; die Sitze werden in zwei Schritten zugeteilt.

1. Schritt: Grundverteilung
Die Stimmen der Parteien werden durch die Gesamtstimmenzahl aller Parteien (ohne ungültige Stimmen und Enthaltungen) dividiert und mit der Gesamtsitzzahl multipliziert (= Quote). Der abgerundete Teil der Quote wird als Sitzzahl direkt zugeteilt.

2. Schritt: Restsitzverteilung
Die Restsitze werden in der Reihenfolge der größten Nachkommateile der Quoten den Parteien zugeteilt. Dabei kann die Restsitzverteilung so angepasst werden, dass eine Partei mit (mehr als) der Hälfte aller Stimmen einen Restsitz immer dann erhält, wenn sie ohne diesen Sitz nicht die Mehrheit im Parlament hätte (z. B. Mehrheitsklausel im Bundeswahlgesetz, Paragraph 6 Absatz 3).

Paradoxien: *Alabamaparadoxon*
Bei Erhöhung der Gesamtsitzzahl bei gleicher Stimmenverteilung kann eine Partei einen Sitz verlieren.

New State Paradox (Das Neue Partei Syndrom)
Durch das Streichen einer Partei mit ihren Stimmen und Sitzen kann eine andere Partei Sitze verlieren oder gewinnen.

Population Paradox
Bei einem anderen Wahlergebnis kann eine Partei A trotz Stimmengewinnen einen Sitz verlieren und gleichzeitig eine Partei B trotz Stimmenverlusten einen Sitz gewinnen.

1 Beschreibe die Entwicklung von 10 000 € bei einem Zinssatz von 5 % und Zinseszins.

Datei: Zinseszins.xls

2 Du hast in den Ferien für vier Wochen (20 Arbeitstage) einen Ferienjob bekommen. Am ersten Tag stellt dir dein neuer Chef zwei Modelle zur Lohnzahlung vor:

(A) Du bringst am ersten Tag 3 Cent mit und er verdoppelt den vorhandenen Betrag jeden Tag.
(B) Du startest mit 50 € und bekommst jeden Abend 50 € dazu.

Datei: Verdienst.xls

3 **Sparmodelle**

Carinnas Großvater steckt seit dem Start des Euro täglich 50 ct in ihre Spardose. Jeweils am 31. Dezember zahlt er den gesparten Betrag auf ihr Sparbuch ein.

Petras Eltern haben ihrer Tochter zum Start des Euro ein Sparbuch mit 1000 € geschenkt.
Heute schreiben wir den 31. Dezember 2012.

Datei: Konto.xls

4 Von dem Rohstoff Laforgium wurden im Jahr 2003 3,08 Milliarden Tonnen verbraucht. Am Jahresende wurden 100 Milliarden Tonnen gesicherte Reserven nachgewiesen. Nach Erhebungen der letzten Jahre nimmt der Verbrauch von Laforgium jährlich um 1,8 % zu, gleichzeitig werden pro Jahr 4 Mrd. Tonnen neu nachgewiesen.

Datei: Ressourcen.xls

5 Leihe dir zum Kauf eines Hauses 200 000 €.
Jährlicher Zinssatz: 6,9 %; Tilgungsanteil: 2 %.

Datei: Tilgungsplan.xls

6 Melanie, Peter, Sedat und Marie wollen endlich ihren eigenen Internetzugang. Sie stehen vor dem Tarifdschungel und fragen sich: „Was ist für mich der richtige Tarif?“

	Melanie	Sedat	Marie	Peter
	Tarif-Agent Ich surfe meist: ◉ eher tagsüber (Mo – Fr; bis 17 h) ○ eher tagsüber (Wochenende) ○ eher nachts (tägl. ab 23 h) ○ keine festen Zeiten Ich surfe im Monat ca. 10 Stunden Ich habe T-DSL Ja Tarifvorschlag	**Tarif-Agent** Ich surfe meist: ○ eher tagsüber (Mo – Fr; bis 17 h) ◉ eher tagsüber (Wochenende) ○ eher nachts (tägl. ab 23 h) ○ keine festen Zeiten Ich surfe im Monat ca. 10 Stunden Ich habe T-DSL Ja Tarifvorschlag	**Tarif-Agent** Ich surfe meist: ◉ eher tagsüber (Mo – Fr; bis 17 h) ○ eher tagsüber (Wochenende) ○ eher nachts (tägl. ab 23 h) ○ keine festen Zeiten Ich surfe im Monat ca. 20 Stunden Ich habe T-DSL Ja Tarifvorschlag	**Tarif-Agent** Ich surfe meist: ○ eher tagsüber (Mo – Fr; bis 17 h) ○ eher tagsüber (Wochenende) ○ eher nachts (tägl. ab 23 h) ◉ keine festen Zeiten Ich surfe im Monat ca. 50 Stunden Ich habe T-DSL Ja Tarifvorschlag
Tarif	by day	eco	surftime 30	flat
Grundgebühr	7,50 €	4,09 €	14,80 €	25 €
Arbeitspreis	0,8 ct/min Mo – Fr. zwischen 7 und 17 Uhr	1,49 ct/min	1,49 ct/min nach 30 h	–
Preis-Beispiel:	10 Stunden kosten 12,30 €	10 Stunden kosten 13,03 €	20 Stunden kosten 14,80 €	50 Stunden kosten 25 €

Datei: online Tarife.xls

5 Modell und Trend

Ein Chart stellt die Kursverläufe und Umsatzverläufe von Wertpapieren (Aktien), Börsen oder Branchen dar.

Bei der Chartanalyse geht es um das Aufspüren von Ab- bzw. Aufwärtstrends. Es gibt nur wenige Aspekte der Wertpapieranalyse, die ein intelligenter Investor so beachten muss wie die Frage nach dem Trend.

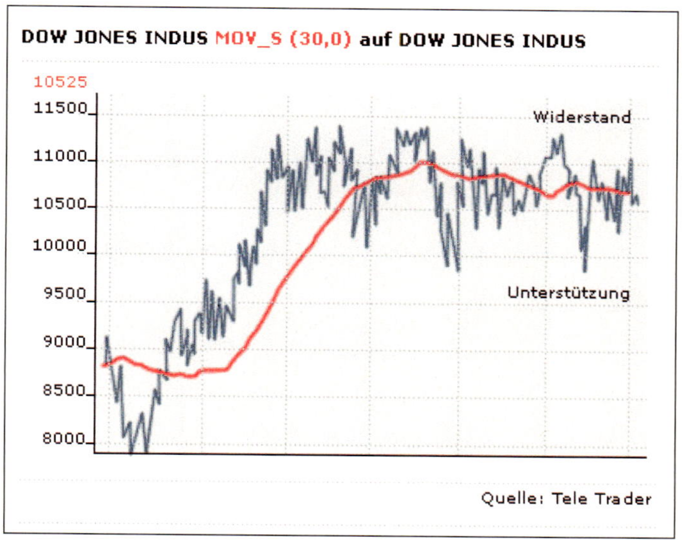

Gleitende Durchschnitte

Die einfachsten Trendlinien sind die gleitenden Durchschnitte. Die einzelnen Kursstände werden durch Bilden des Durchschnitts (des arithmetischen Mittels) der letzten Tageskurse in einer bestimmten Periode abgebildet. Abhängig von der Größe des zu betrachtenden Zeitraums lassen sich demzufolge die verschiedensten gleitenden Durchschnitte bilden. Zu den bedeutendsten arithmetischen Mitteln zählen dabei die 25-, 65- und 200-Tage-Linie für kurz-, mittel- bzw. langfristige Betrachtungen.

Die wichtige 200-Tage-Linie

Die 200-Tage-Linie (hierfür wird an jedem Tag der Durchschnitt der letzten 200 Tageskurse gebildet) gilt als der wichtigste, weil zuverlässigste gleitende Durchschnitt. Er zeigt den langfristigen Trend eines Wertpapiers an. Bei den kurzfristigen Durchschnitten ist die Zuverlässigkeit der Trendaussagen wesentlich geringer.
Ein Kriterium für Kauf- bzw. Verkaufsentscheidungen sind die Schnittpunkte von Chart und Durchschnittslinie.

Anmerkung: Um nicht mit zu großen Datenmengen arbeiten zu müssen, benutzen wir im Beispiel die 7-Tage-Linie.

Kaufsignal: Wertpapierchart durchbricht die 7-Tage-Linie von unten nach oben.

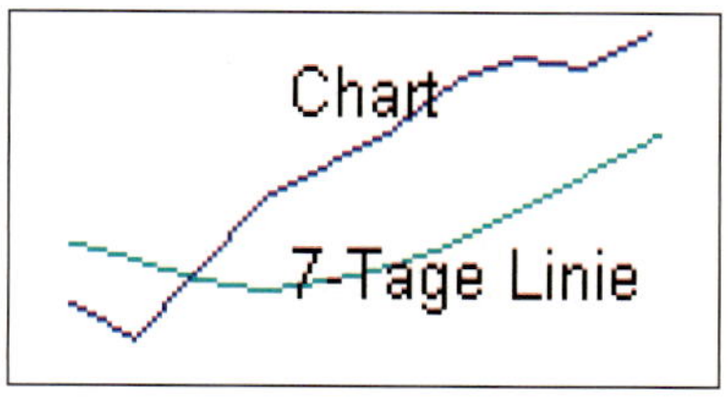

Verkaufssignal: Wertpapierchart durchbricht die 7-Tage-Linie von oben nach unten.

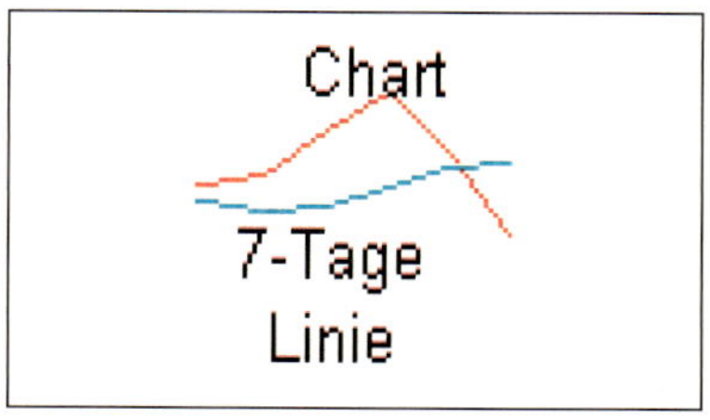

Modell und Trend

Datei: Aktien.xls **Tabellenblatt Trend**

1. Markiere die Daten.
2. Erstelle mit dem Diagrammassistenten ein Liniendiagramm.

3. Ergänze die Trendlinie „Gleitender Durchschnitt" über 7 Perioden.

	A
1	**Aktie**
2	58,91 €
3	57,83 €
4	55,90 €
5	53,25 €
6	52,01 €
7	54,20 €
8	49,90 €
9	49,00 €
10	44,37 €
11	39,80 €
12	39,27 €
13	37,23 €
14	36,73 €
15	35,81 €
16	33,72 €
17	32,76 €
18	31,89 €
19	27,79 €
20	37,38 €
21	31,00 €
22	42,45 €
23	36,00 €
24	46,86 €
25	40,73 €
26	52,18 €
27	58,47 €
28	57,57 €
29	66,40 €

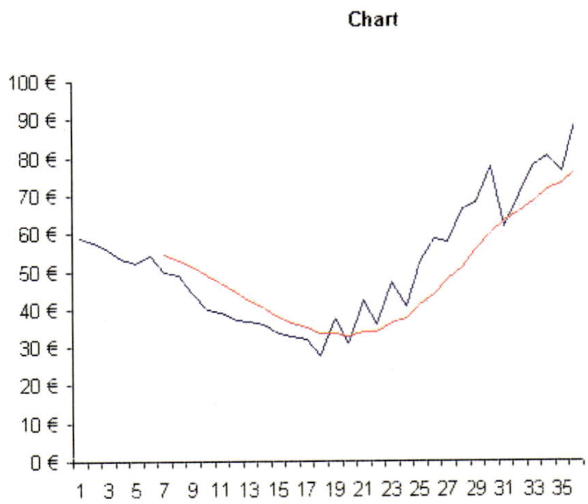

Kaufempfehlung: 19. Tag

Datei: Aktien.xls **Tabellenblatt 7-Tage-Linie**

4. Programmiere die grau markierten Zellen.

	A	B	C	D	E	F	G	H	I
1	**Aktie**	**7-Tage Linie**							
2	**58,91 €**								
3	**57,83 €**								
4	**55,90 €**								
5	**53,25 €**								
6	**52,01 €**								
7	**54,20 €**								
8	**49,90 €**								
9	**49,00 €**	**54,57 €**							
10	**44,37 €**	**53,16 €**							
11	**39,80 €**	**51,23 €**							
12	**39,27 €**	**48,93 €**							
13	**37,23 €**	**46,94 €**							
14	**36,73 €**	**44,82 €**							
15	**35,81 €**	**42,33 €**							
16	**33,72 €**	**40,32 €**							
17	**32,76 €**	**38,13 €**							
18	**31,89 €**	**36,47 €**							
19	**27,79 €**	**35,34 €**							
20	**37,38 €**	**33,70 €**							
21	**31,00 €**	**33,73 €**							
22	**42,45 €**	**32,91 €**							
23	**36,00 €**	**33,86 €**							
24	**46,86 €**	**34,18 €**							
25	**40,73 €**	**36,20 €**							

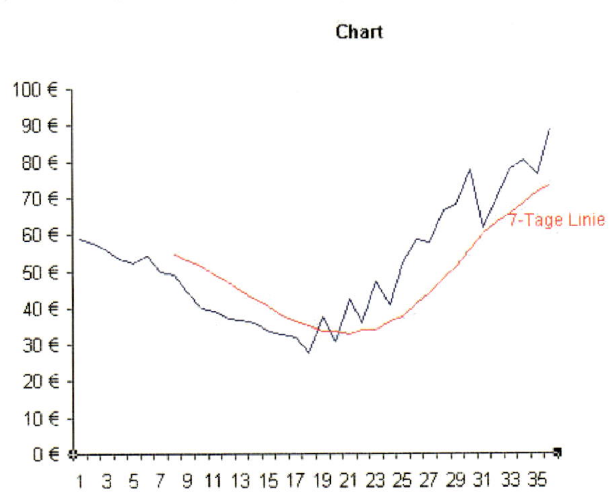

Datei: Aktien.xls **Tabellenblatt 50-Tage-Linie**

5. Programmiere die 50-Tage-Linie in den Zellen B51 bis B201 und gib zwei Kaufempfehlungen sowie zwei Verkaufsempfehlungen ab.

1 Das 3-Liter-Auto kommt: Daran arbeiten die Ingenieure in der Automobilindustrie intensiv.

Ein Zukunftsmotor ist der ‚Ecomotor': Braucht das Fahrzeug keinen eigenen Antrieb, so regelt die Stopp-Start-Automatik den Benzinverbrauch auf Null. Bis zu 60 % der Zeit im Stadtverkehr kann der Motor stillstehen.

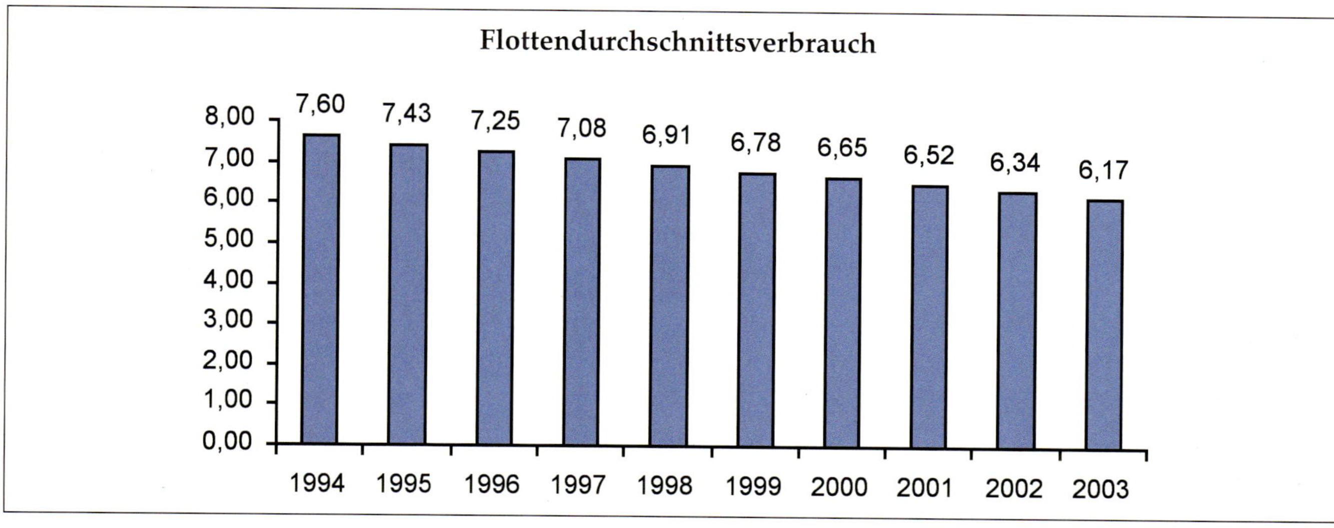

Datei: Flottendurchschnitt.xls

2 Die körperlichen Strapazen bei einer Hochgebirgstour sind gewaltig. Besonders gefürchtet und gefährlich ist die Höhenkrankheit. Was mit Kopfschmerzen und Atembeschwerden beginnt, kann mit lebensbedrohlichen Lungenembolien oder Hirnödemen enden. Die Todeszone beginnt bei 7 500 Höhenmetern und fordert das Letzte von den Teilnehmern. Ab hier enthält die Luft nur noch ein Drittel des Sauerstoffs der normalen Atemluft. Bei mehr als 24 Stunden ohne Sauerstoffgerät in dieser Höhe droht der Tod. Ohne künstlichen Sauerstoff waren Lydia Bradley (1988, NZ), Alison Hargreaves (1995, GB) und Francys Arsentiev (1998, USA) auf dem Gipfel des Mount Everest.

Die folgende Tabelle zeigt, wie der Luftdruck in der Erdatmosphäre mit steigender Höhe über dem Meeresspiegel abnimmt.

Höhe über NN in m	0	100	200	300	400	500	600	700	800	900	1 000
Luftdruck in hPa	1 013	1 000,8	988,8	977	965,2	953,7	942,2	930,9	919,7	908,7	897,8

Datei: Luftdruck.xls

3

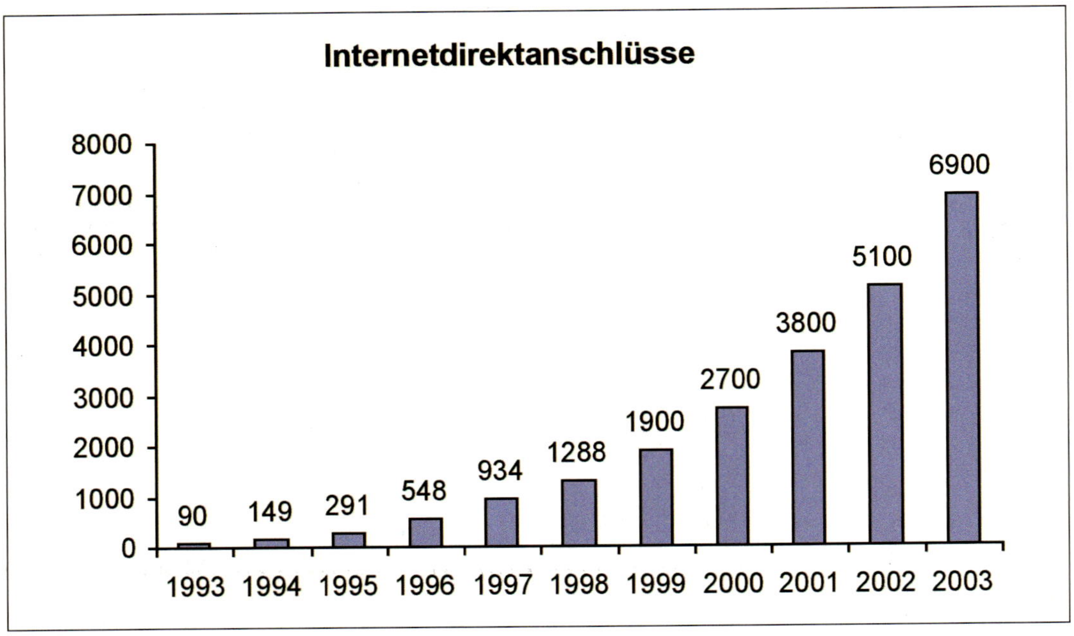

Beschreibe eine mögliche Weiterentwicklung.

Datei: Internet Anschlüsse.xls

4 Der Heißhunger auf Hamburger und Pommes frites kennt offenbar keine Grenzen. Eine bekannte Fast-Food-Kette hatte 1994 in Deutschland 570 Filialen, 1999 waren es schon 1000.

Jahr	Anzahl am Jahresende
1994	570
1995	649
1996	743
1997	850
1998	931
1999	1 000

Datei: fast food.xls

5 Die Grafik wirft unmittelbar die Frage auf:

Wie wird sich die Zahl der „Mobilfunkteilnehmer" weiterentwickeln?

Datei: Handy.xls

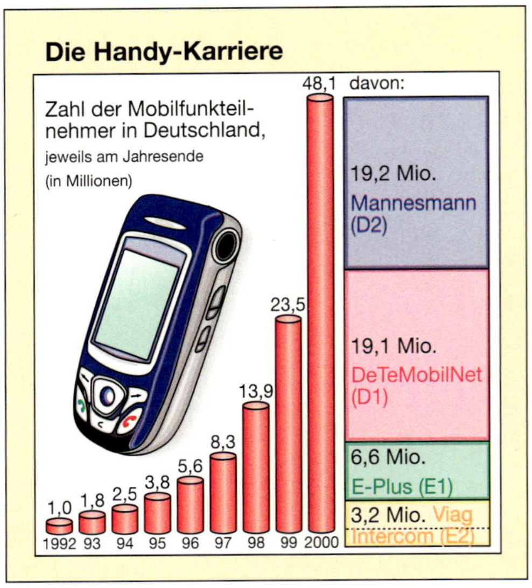

6 Modellieren eines Wachstums-vorgangs

Beispiel 1: Wachstum des Bazillus Reißpicksi

Hier kann man das Wachstum des Bazillus Reißpicksi beobachten.

Versuchsstart:
Fünf Arbeitsgruppen beginnen mit dem Wurf von je zwei Reißnägeln.

Das Wachstum des Bazillus läuft nach folgender Gesetzmäßigkeit ab:

Ein Reißnagel, der auf den Kopf fällt, befindet sich in der Wachstumsphase und darf weiter wachsen.

Ein Reißnagel, der schräg auf die Seite gefallen ist, muss sich teilen. Diese Reißnägel werden gezählt und dann wird die gleiche Anzahl aus dem Vorrat dazugelegt. Jetzt wird die neue Anzahl aller Reißnägel für den nächsten Versuch ermittelt und in der Tabelle festgehalten.

Gruppe 1:

Versuch	0	1	2	3	4	5	6	7	8
Anzahl der Reißnägel	2								

Gruppe 2:

Versuch	0	1	2	3	4	5	6	7	8
Anzahl der Reißnägel	2								

Gruppe 3:

Versuch	0	1	2	3	4	5	6	7	8
Anzahl der Reißnägel	2								

Gruppe 4:

Versuch	0	1	2	3	4	5	6	7	8
Anzahl der Reißnägel	2								

Gruppe 5:

Versuch	0	1	2	3	4	5	6	7	8
Anzahl der Reißnägel	2								

Nach dem Ende des Versuchs tauschen die einzelnen Gruppen die Ergebnisse aus!

Datenerfassung und Darstellung

Datei: Reißpicksi.xls **Tabellenblatt Daten**

1 Gib die Daten der Gruppen ein.

	A	B	C	D	E	F	G	H	I	J	K	L
1	Versuch	Anzahl des Bazillus						Gruppe 1	Gruppe 2	Gruppe 3	Gruppe 4	Gruppe 5
2	0	10						2	2	2	2	2
3	1	18						3	4	4	4	3
4	2	26						5	6	6	5	4
5	3	38						6	7	10	8	7
6	4	62						11	11	14	14	12
7	5	95						13	17	23	20	22
8	6	139						20	25	31	34	29
9	7	218						34	40	51	51	42
10	8	334						51	67	83	76	57
11												

Datei: Reißpicksi.xls **Tabellenblatt Trend**

2 Markiere die Daten.

	A	B
1	Versuch	Anzahl des Bazillus
2	0	10
3	1	18
4	2	26
5	3	38
6	4	62
7	5	95
8	6	139
9	7	218
10	8	334
11		

3 Erstelle mit dem Diagramm-assistenten ein Diagramm vom TYP Punkt(XY).

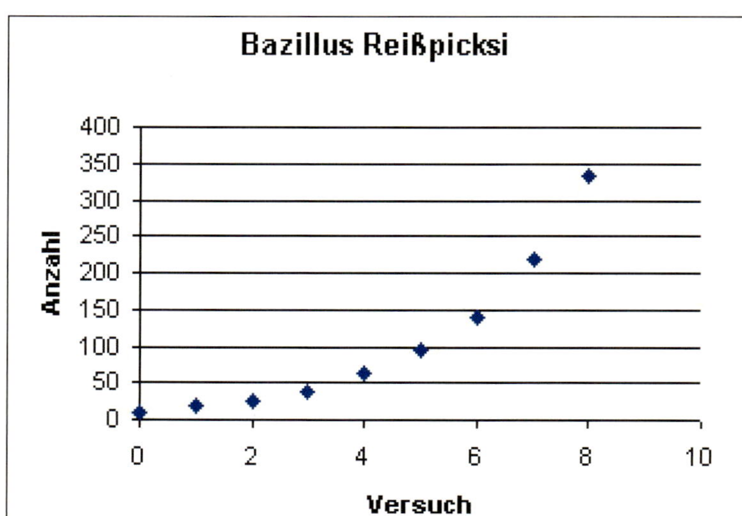

Trendlinien

4 Klicke mit der rechten Maustaste auf deinen Datenpunkt und wähle aus dem Kontextmenü: „Trendlinie hinzufügen“.

a) Typ Polynomisch
   Optionen: Gleichung im Diagramm darstellen

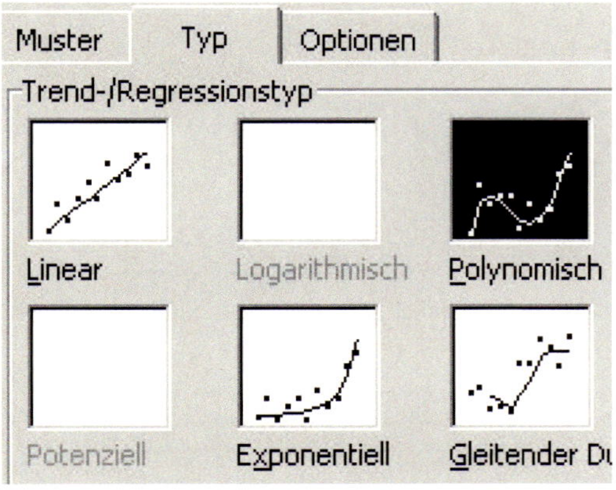

Ergebnis:

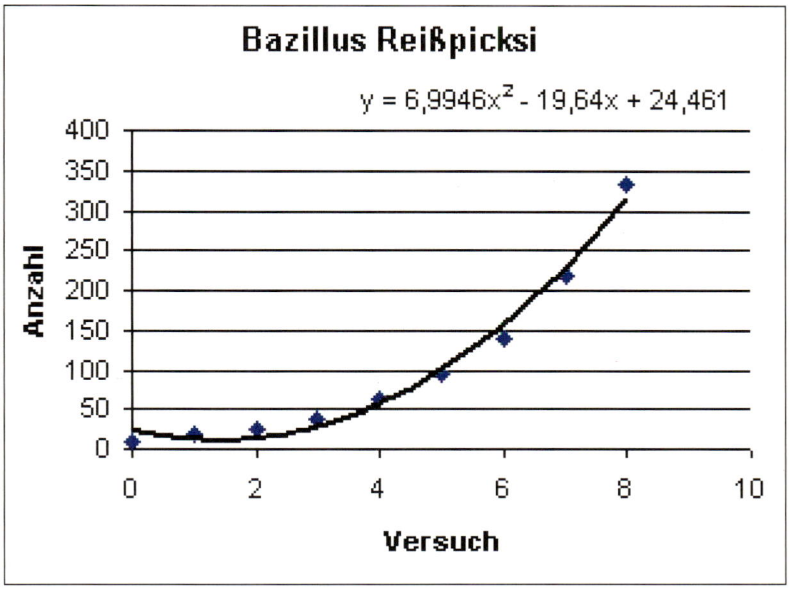

b) Typ Exponentiell
   Optionen: Gleichung im Diagramm darstellen

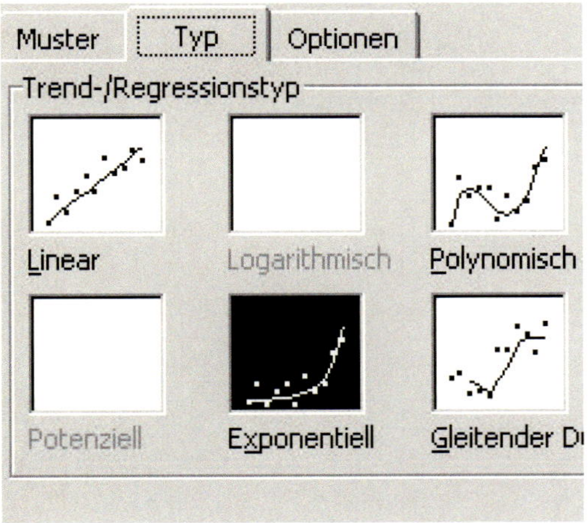

Ergebnis:

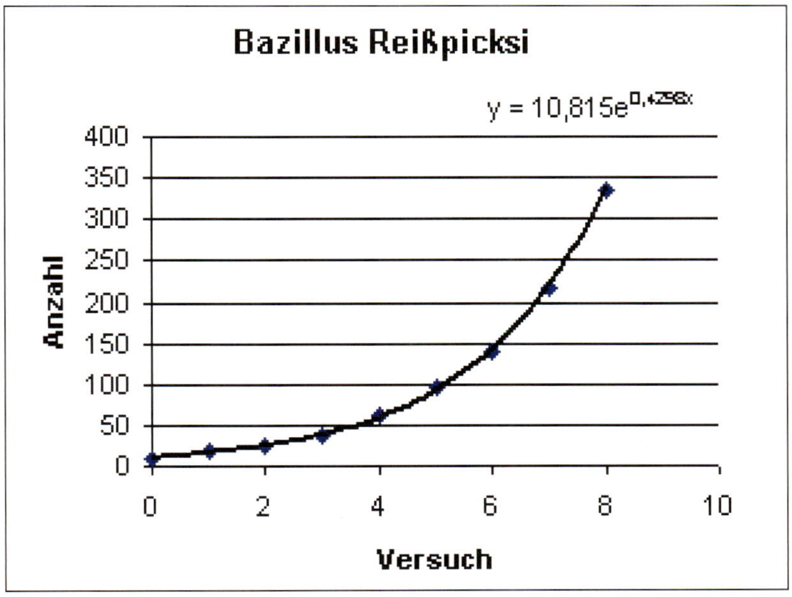

e ist die Basis des natürlichen Logarithmus.

Modellbildung

Die Reißnägel fallen pro Versuch mit einer durchschnittlichen relativen Häufigkeit von p % auf die Seite.

Es gilt: Anzahl(neu) = Anzahl(alt) + Anzahl(alt) · p %
Anzahl(neu) = Anzahl(alt) · (1 + p %)
Anzahl(neu) = Anzahl(alt) · Rechenfaktor

Datei: Reißpicksi.xls **Tabellenblatt Modell**

5 Programmiere die grau markierten Zellen.

	A	B	C	D	E	F
1	Versuch	Anzahl des Bazillus		Veränderung		
2	0	10		absolut	in %	Wachstumsfaktor
3	1	18		8	80,00%	1,8000
4	2	26		8	44,44%	1,4444
5	3	38		12	46,15%	1,4615
6	4	62		24	63,16%	1,6316
7	5	95		33	53,23%	1,5323
8	6	139		44	46,32%	1,4632
9	7	218		79	56,83%	1,5683
10	8	334		116	53,21%	1,5321
11						
12	x	y		Mittelwert	55,42%	1,5542
13	0	10				
14	1	16				
15	2	24				
16	3	38				
17	4	58				
18	5	91				
19	6	141				
20	7	219				
21	8	340				
22	9	529				
23	10	822				

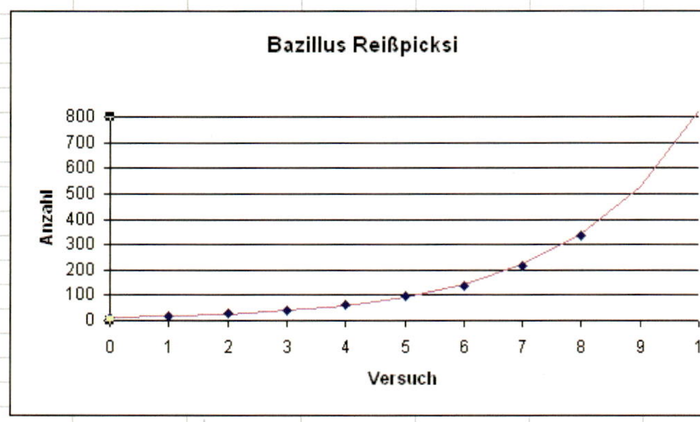

Die Reißnägel fallen mit einer Wahrscheinlichkeit von ca. 55 % auf die Seite und mit einer Wahrscheinlichkeit von ca. 45 % auf den Kopf.

Datei: Reißpicksi.xls **Tabellenblatt Exp Fkt**

6 Bestimme Anfangswert, Wachstumsfaktor und Vervielfachungszeit der Exponentialfunktion $y = a \cdot w^{\frac{x}{d}}$, deren Graph sich gut über die Datenpunkte legt.

	A	B	C	D	E
1	x	y			
2	0	10		a=	10,00
3	1	16		w=	1,5542
4	2	24		d=	1,00
5	3	38			
6	4	58			
7	5	91			
8	6	141			
9	7	219			
10	8	340			
11	9	529			
12	10	822			
13	11	1278			

Exponentialfunktion $y = a \bullet w^{\frac{x}{d}}$

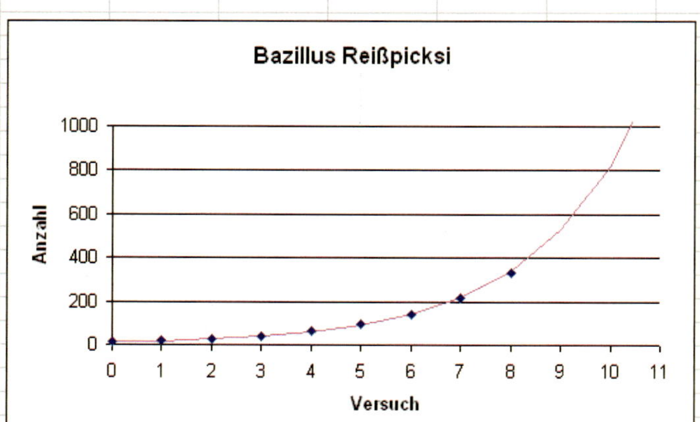

Zwei Beispiele: $y = 10 \cdot 1{,}55^{\frac{x}{1}}$, $y = 10 \cdot 2{,}4^{\frac{x}{2}}$

Modellieren eines Wachstumsvorgangs

Beispiel 2: Verbreitung eines Gerüchts

Nachrichten werden heute in kürzester Zeit weltweit verbreitet.

Sind dabei Voreinstellungen, Böswilligkeiten und Vorurteile mit im Spiel, wird möglicherweise aus einer Nachricht ein Gerücht?

Wenn sich Gerüchte ausbreiten, kann es darum gehen, ein ganz bestimmtes Urteil oder eine ganz bestimmte Meinung zu verfestigen.

Ein Beispiel:

„Mathematik habe ich auch nicht gekonnt!", sagt die Mutter tröstend zu ihrem Sohn und der Vater beruhigend zu seiner Tochter, als die beiden Kinder klagend über den Mathe-Unterricht und über die schon wieder „versiebte" Mathe-Arbeit nach Hause kommen. Und der Trost kommt an, sowohl der Sohn als auch die Tochter fühlen sich wieder besser und wissen nun einmal mehr, dass die Mathematik nicht ganz so wichtig ist.

Ein Gerücht verbreitet sich!

Idee: Ein Jugendlicher beginnt und gibt eine Nachricht an zwei andere Personen weiter. Jeder neu Informierte gibt, z. B. jeweils nach 15 Minuten, die Nachricht wieder an zwei andere Personen weiter usw.

Es ist anzunehmen, dass nach einigen Runden des Weitersagens das Gerücht bereits auf Menschen trifft, die es schon kennen. Lässt sich dies in dem mathematischen Modell berücksichtigen?

Datenerfassung und Darstellung

Datei: Gerücht.xls **Tabellenblatt Daten**

1 Berechne per Hand die Entwicklung.

	A	B	C	D	E	F	G
1	Zeit [min]	Kennen das Gerücht		geben es weiter		erfahren es neu	
2	0	1	☺	1	☺	2	☺
3	15	3	☺	2	☺	4	☺
4	30	7	☺	4	☺	8	☺
5	45	15	☺	8	☺	16	☺
6	60	31	☺	16	☺	32	☺
7	75	63	☺	32	☺	64	☺
8	90	127	☺	64	☺	128	☺
9	105	255	☺	128	☺	256	☺
10	120	511	☺	256	☺	512	☺
11	135	1023	☺	512	☺	1024	☺
12	150	2047	☺	1024	☺	2048	☺
13	165	4095	☺	2048	☺	4096	☺
14	180	8191	☺	4096	☺	8192	☺
15							

Datei: Gerücht.xls **Tabellenblatt Trend**

2 Markiere die Daten.

	A	B
1	Zeit [min]	Kennen das Gerücht
2	0	1
3	15	3
4	30	7
5	45	15
6	60	31
7	75	63
8	90	127
9	105	255
10	120	511
11	135	1023
12	150	2047
13	165	4095
14	180	8191
15		

3 Erstelle mit dem Diagrammassistenten ein Diagramm vom TYP Punkt(XY).

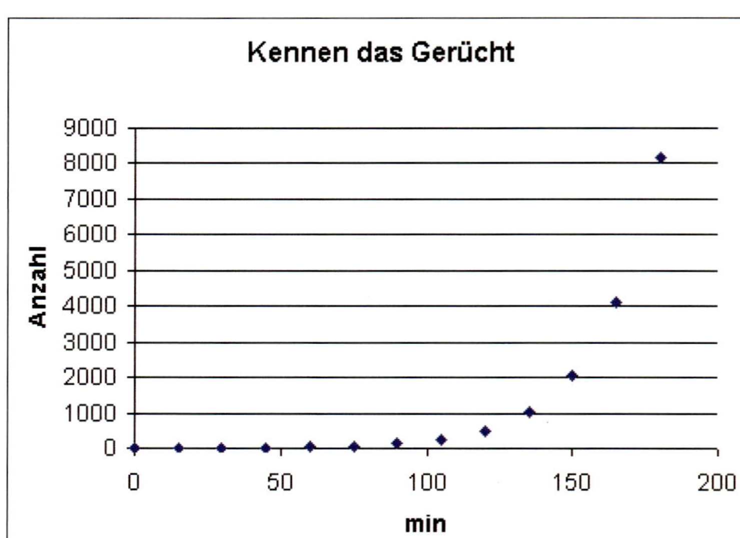

Trendlinien

4 Klicke mit der rechten Maustaste auf deinen Datenpunkt und wähle aus dem Kontextmenü: „Trendlinie hinzufügen".

a) Typ Polynomisch
Optionen: Gleichung im Diagramm darstellen

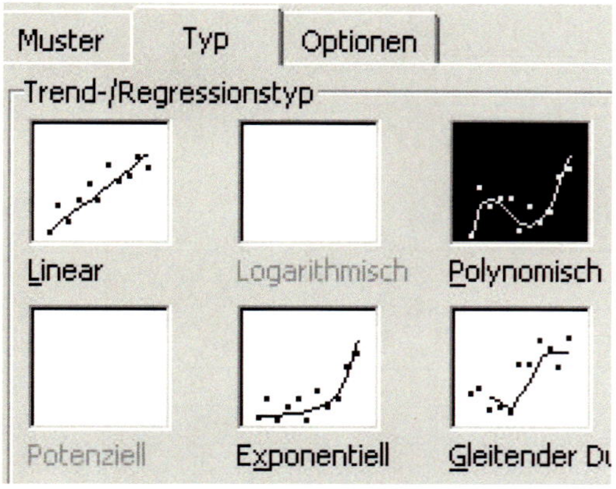

Ergebnis:

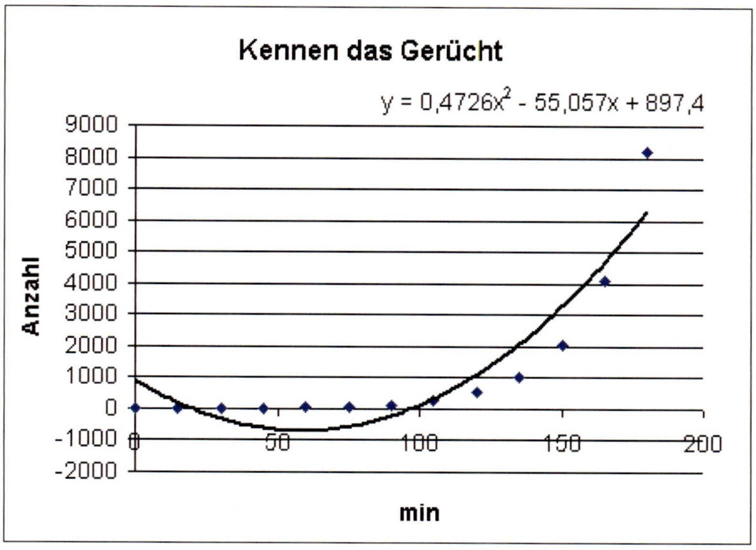

b) Typ Exponentiell
Optionen: Gleichung im Diagramm darstellen

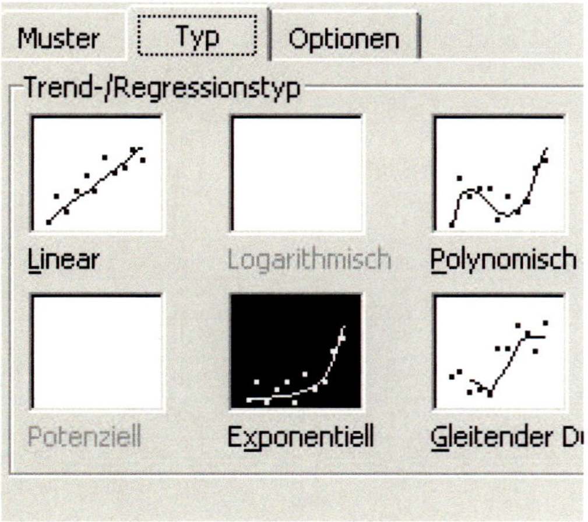

Ergebnis:

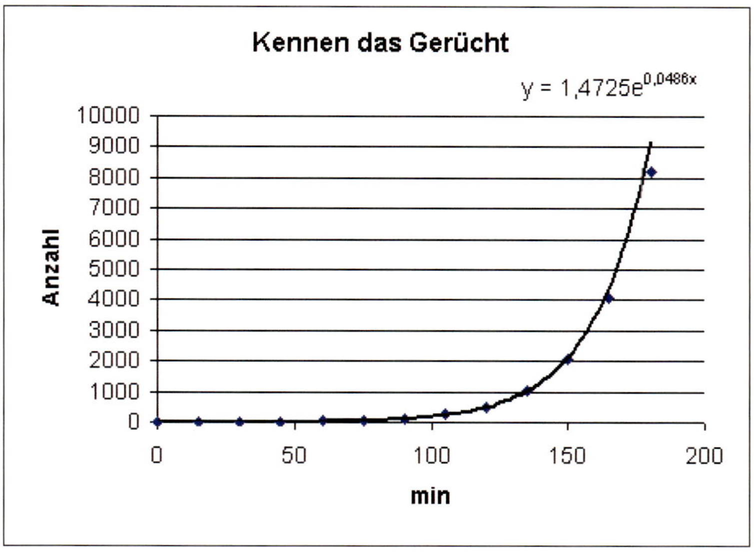

e ist die Basis des natürlichen Logarithmus.

Modellbildung

Die Ausbreitung des Gerüchts entwickelt sich nach folgender Gesetzmäßigkeit:
2 · Anzahl neu Informierte plus Anzahl der vorher Informierten.
In der Zelle B20 steht demzufolge = 2 · (B19 − B18) + B19

Datei: Gerücht.xls **Tabellenblatt Modell**

5 Programmiere die grau markierten Zellen.

	A	B	C	D	E	F	G	H	I	J
1	Zeit [min]	kennen das Gerücht	geben es weiter	erfahren es neu			Modellbildung			
2	0	1	1	2						
3	15	3	2	4		Setzen das Gerücht in die Welt		1		
4	30	7	4	8		erzählen es weiter an jeweils		2		
5	45	15	8	16						
6	60	31	16	32						
7	75	63	32	64						
8	90	127	64	128						
9	105	255	128	256						
10	120	511	256	512						
11	135	1023	512	1024						
12	150	2047	1024	2048						
13	165	4095	2048	4096						
14	180	8191	4096	8192						
15										
16										
17										
18										
19										

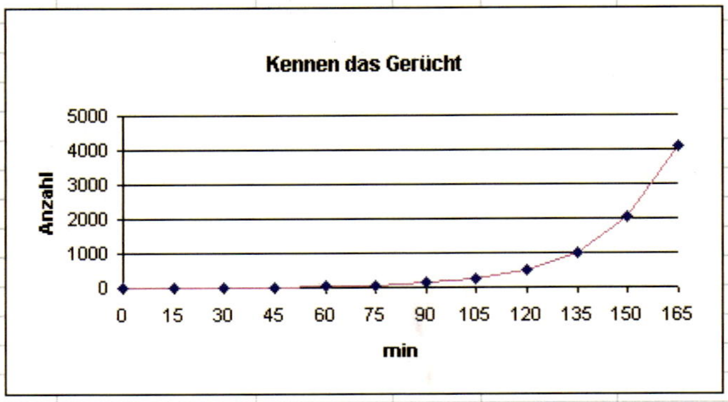

Datei: Gerücht.xls **Tabellenblatt Exp Fkt**

6 Bestimme Anfangswert, Wachstumsfaktor und Vervielfachungszeit der Exponentialfunktion $y = a \cdot w^{\frac{x}{d}}$ in Spalte C und $y = a \cdot w^{\frac{x+15}{d}}$ in Spalte D so, dass sich der Graph x → „kennen das Gerücht“ über die Datenpunkte legt.

	A	B	C	D	E	F	G	H
1	x	kennen das Gerücht (y)	geben es weiter	erfahren es neu				
2	0	1	1	2				
3	15	3	2	4			a=	1,00
4	30	7	4	8			w=	2,00
5	45	15	8	16			d=	15,00
6	60	31	16	32				
7	75	63	32	64				
8	90	127	64	128				
9	105	255	128	256				
10	120	511	256	512				
11	135	1023	512	1024				
12	150	2047	1024	2048				
13	165	4095	2048	4096				
14	180	8191	4096	8192				
15								
16								

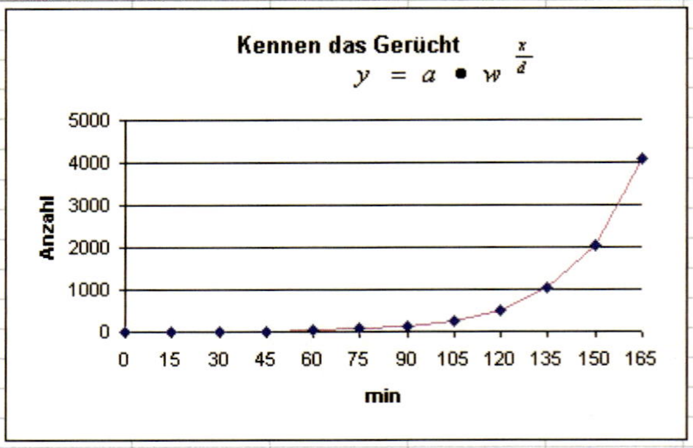

1 Beschreibe eine mögliche Entwicklung der zukünftigen Benzinpreise.

1970	0,56⁹ DM
1980	1,07⁹ DM
1990	1,13⁹ DM
2000	1,85⁹ DM
2003	1,05⁹ €

(1 € = 1,95583 DM)

Datei: Benzinpreis.xls

2 Frau Aschmann macht im Alter von 28 Jahren in der Sendung „Wer wird Millionär?" einen Gewinn von 16 000 Euro. Dieses Geld hat sie zur Alterssicherung bis zu ihrem sechzigsten Lebensjahr fest angelegt.

Ihre Bank macht folgendes Angebot:

Alter	Kapital	Alter	Kapital
28	28 000,00 €	45	50 582,09 €
29	28 991,20 €	46	52 372,70 €
30	30 017,49 €	47	54 226,69 €
31	31 080,11 €	48	56 146,31 €
32	32 180,34 €	49	58 133,89 €
33	33 319,53 €	50	60 191,83 €
34	34 499,04 €	51	62 322,62 €
35	35 720,30 €	52	64 528,84 €
36	36 984,80 €	53	66 813,17 €
37	38 294,07 €	54	69 178,35 €
38	39 649,68 €	55	71 627,27 €
39	41 053,27 €	56	74 162,87 €
40	42 506,56 €	57	76 788,24 €
41	44 011,29 €	58	79 506,54 €
42	45 569,29 €	59	82 321,07 €
43	47 182,44 €	60	85 235,24 €
44	48 852,70 €		

Datei: Millionär.xls

3 Ein Elternpaar hat bei der Geburt eines Kindes einen Geldbetrag mit einem Zinssatz von 6,25 % pro Jahr fest angelegt.

Das Ziel: 35 000 Euro am 18. Geburtstag.

Datei: achtzehn.xls

4

Kapazität [GB]	Preis [€]
20	57,49
30	59,95
40	62,95
60	69,95
80	77,95
120	96,97
160	119,99
240	175,49

Datei: Festplatten.xls

5 25 Millionen deutsche Internet-Surfer

Fast 40 Prozent der deutschen Bevölkerung über 14 Jahre gehören laut ARD/ZDF-Online-Studie 2001 zur immer größer werdenden Gemeinde der Internet-Nutzer. Im Vergleich zum Vorjahr sind damit 36 % mehr Menschen „drin". Die Online-Studie 2000 hatte ergeben, dass 18,25 Mio. oder 28,6 % der Deutsch sprechenden Bevölkerung über 14 Jahre zu den Internet-Nutzern gehören.

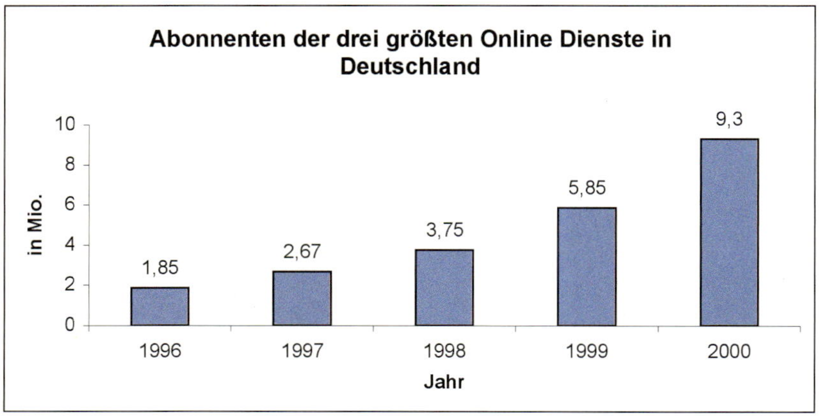

Nach Angaben des Statistischen Bundesamtes lebten im Jahr 2002 durchschnittlich 2,2 Personen in jedem Haushalt.

Datei: Internet Nutzer Diagramm.xls

6 Jede Minute wächst die Weltbevölkerung um mehr als 150 Erdenbürger; etwa 250 Menschen kommen pro Minute zur Welt, zur gleichen Zeit sterben etwa 100.

Die Erde wird in 300 Jahren etwa neun Milliarden Menschen beherbergen. Das ist die untere bis mittlere Entwicklungsrate von mehreren möglichen Szenarien, die Wissenschaftler durchgerechnet haben. Denn bereits kleinste Abweichungen im Fruchtbarkeitsniveau ändern die Werte um Milliarden. Die Prognose, dass die Weltbevölkerung von jetzt 6,3 auf 9 Milliarden im Jahr 2300 wächst, basiert auf der Annahme, dass jede Frau weltweit im Durchschnitt zwei Kinder zur Welt bringen wird. Sollte sich der Kindersegen pro Frau weltweit bei durchschnittlich 1,85 Kindern stabilisieren, könnte die Weltbevölkerung bis zum Jahr 2300 drastisch auf 2,3 Milliarden sinken. Umgekehrt würden 2,35 Babys pro Erdenbürgerin bis 2300 zu einer Weltbevölkerung von 36,4 Milliarden führen. Rein theoretisch könnte die Menschheit – bei ihrer derzeitigen Fruchtbarkeitsrate – bis 2300 sogar auf 134 Billionen anwachsen, heißt es in einem UN-Bericht. Das hieße, dass sich schon im Jahr 2150 rund 244 Milliarden Menschen den Globus und alle seine Ressourcen teilen müssten.

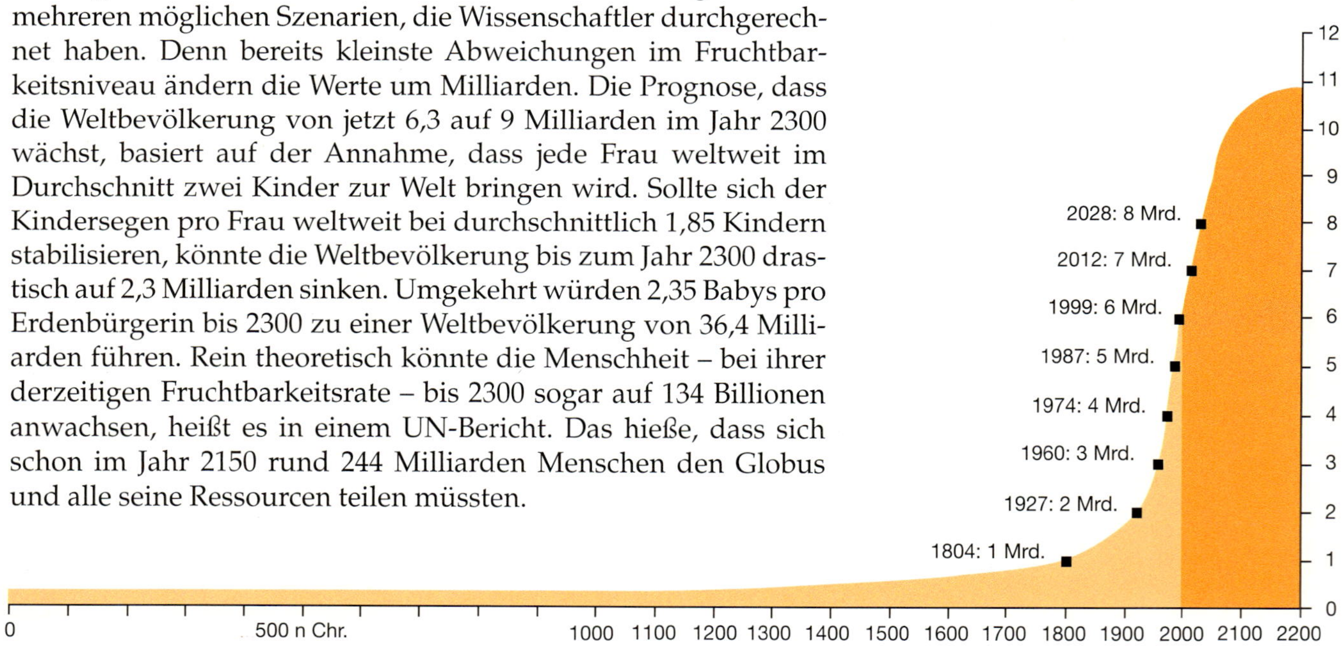

Bei der Modellrechnung zwischen Deutschland und Uganda wird deutlich, wo die Reise hingehen kann. In Uganda liegt die Fruchtbarkeitsrate zurzeit bei 6,9 Kindern, in Deutschland bei 1,4 Kindern. So könnte die Bevölkerung Deutschlands von 82,3 Mio. bei diesen konstanten Werten bis zum Jahr 2300 auf die Einwohnerzahl von Berlin (3,4 Millionen) zusammenschrumpfen. In Uganda hingegen würden 18 Billionen Menschen leben statt heute 20,9 Mio.

Datei: Weltbev.xls

7 Modellieren eines Zerfalls-prozesses

Beispiel 1: Gummibärchen

Gummibärchen sind, wenn man der Werbung glauben darf, eine gefährdete Spezies.

Versuchsstart:
Fünf Arbeitsgruppen beginnen mit dem Wurf von je 30 Gummibärchen.

Der Zerfallsprozess läuft nach folgender Gesetzmäßigkeit ab:

Ein Gummibärchen, das auf die Seite oder auf den Rücken fällt, „überlebt".
Es darf weiterhin am Spiel teilnehmen.

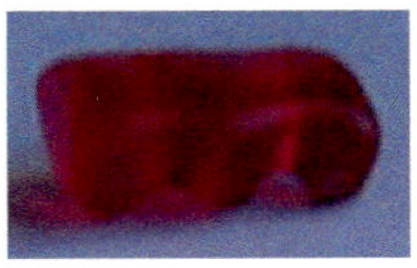

Ein Gummibärchen, das auf die Nase fällt, darf aufgegessen werden.
Die Übrigen werden gezählt und als neue Anzahl für den nächsten Versuch in die Tabelle eingetragen.

Gruppe 1:

Versuch	0	1	2	3	4	5	6	7	8
Anzahl der Gummibärchen	30								

Gruppe 2:

Versuch	0	1	2	3	4	5	6	7	8
Anzahl der Gummibärchen	30								

Gruppe 3:

Versuch	0	1	2	3	4	5	6	7	8
Anzahl der Gummibärchen	30								

Gruppe 4:

Versuch	0	1	2	3	4	5	6	7	8
Anzahl der Gummibärchen	30								

Gruppe 5:

Versuch	0	1	2	3	4	5	6	7	8
Anzahl der Gummibärchen	30								

Nach dem Ende des Versuchs tauschen die einzelnen Gruppen die Ergebnisse aus!

Datenerfassung und Darstellung

Datei: Gummibärchen.xls **Tabellenblatt Daten**

1 Gib die Daten der Gruppen ein.

	A	B	C	D	E	F	G	H	I	J	K
1	Versuch	Anzahl der Gummibärchen					Gruppe 1	Gruppe 2	Gruppe 3	Gruppe 4	Gruppe 5
2	0	150					30	30	30	30	30
3	1	127					25	21	28	27	26
4	2	103					22	14	25	22	20
5	3	87					19	11	22	19	16
6	4	70					15	8	22	13	12
7	5	58					13	6	17	12	10
8	6	48					10	6	13	11	8
9	7	40					9	5	9	11	6
10	8	34					7	4	9	8	6
11											

Datei: Gummibärchen.xls **Tabellenblatt Trend**

2 Markiere die Daten.

	A	B	C
1	Versuch	Anzahl der Gummibärchen	
2	0	150	
3	1	127	
4	2	103	
5	3	87	
6	4	70	
7	5	58	
8	6	48	
9	7	40	
10	8	34	
11			

3 Erstelle mit dem Diagramm-assistenten ein Diagramm vom TYP Punkt(XY).

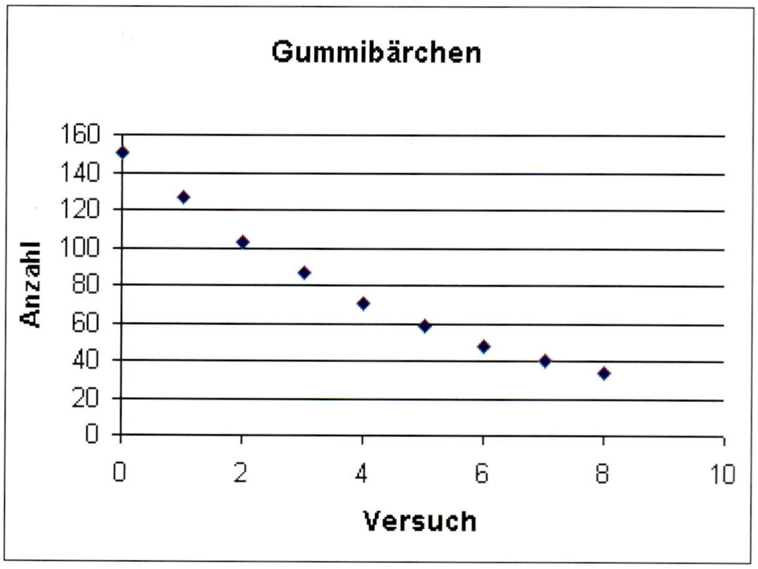

Trendlinien

4 Klicke mit der rechten Maustaste auf die Datenpunkte und wähle aus dem Kontextmenü: „Trendlinie hinzufügen".

a) Typ Polynomisch
Optionen: Gleichung im Diagramm darstellen

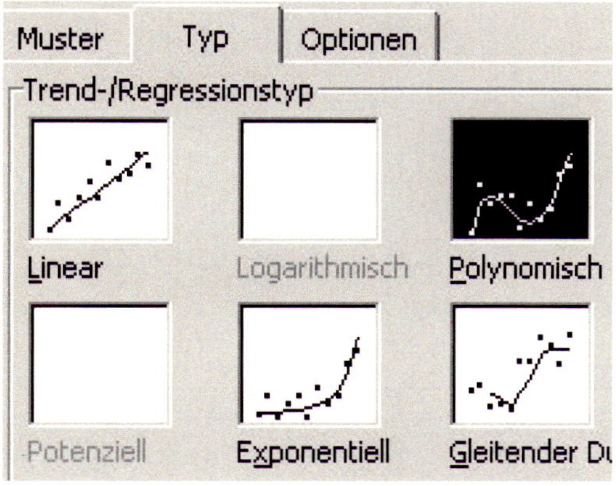

Ergebnis:

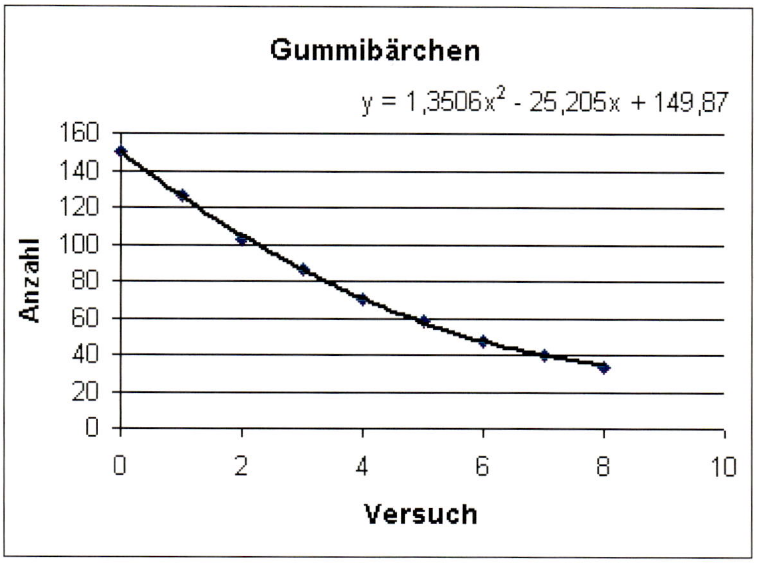

b) Typ Exponentiell
Optionen: Gleichung im Diagramm darstellen

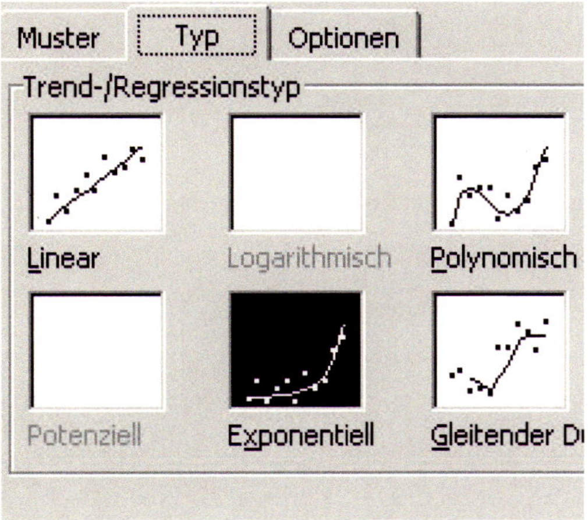

Ergebnis:

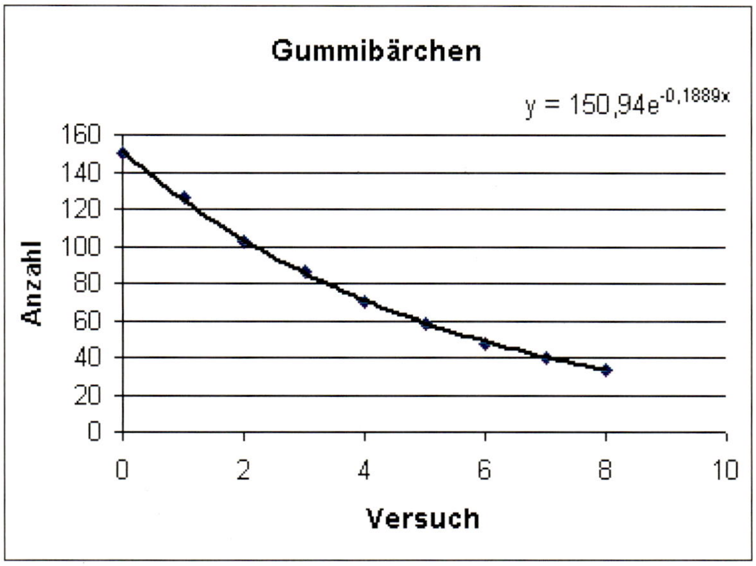

e ist die Basis des natürlichen Logarithmus.

Modellbildung

Für die Gummibärchen, die gegessen werden dürfen, entwickelt sich pro Versuch eine durchschnittliche relative Häufigkeit von p %.

Es gilt: Anzahl(neu) = Anzahl(alt) + Anzahl(alt) · p %
Anzahl(neu) = Anzahl(alt) · (1 + p %)
Anzahl(neu) = Anzahl(alt) · Rechenfaktor

Datei: Gummibärchen.xls **Tabellenblatt Modell**

5 Programmiere die grau markierten Zellen.

	A	B	C	D	E	F
1	Versuch	Anzahl der Gummibärchen		Veränderung		
2	0	150		absolut	prozentual	Wachstumsfaktor
3	1	127		-23	-15,33%	0,8467
4	2	103		-24	-18,90%	0,8110
5	3	87		-16	-15,53%	0,8447
6	4	70		-17	-19,54%	0,8046
7	5	58		-12	-17,14%	0,8286
8	6	48		-10	-17,24%	0,8276
9	7	40		-8	-16,67%	0,8333
10	8	34		-6	-15,00%	0,8500
11						
12	x	y		Mittelwert	-16,92%	0,8308
13	0	150				
14	1	125				
15	2	104				
16	3	86				
17	4	71				
18	5	59				
19	6	49				
20	7	41				
21	8	34				
22	9	28				
23	10	24				
24	11	20				
25	12	16				

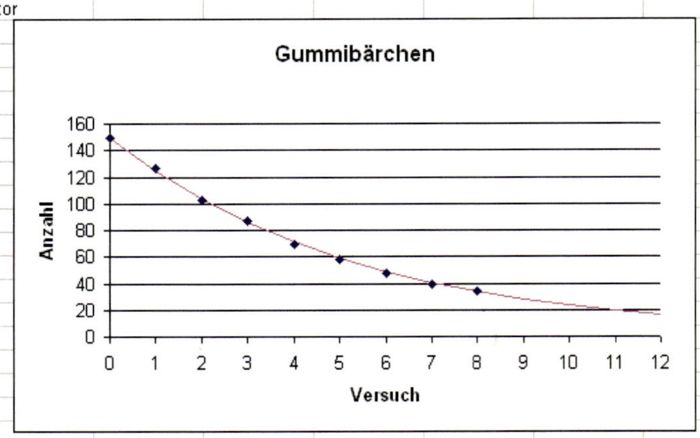

Ca. 17 % der Gummibärchen dürfen pro Versuch gegessen werden.
Die Wahrscheinlichkeit zu „überleben" beträgt 83 %.

Datei: Gummibärchen.xls **Tabellenblatt Exp Fkt**

6 Bestimme Anfangswert, Wachstumsfaktor und Vervielfachungszeit der Exponentialfunktion $y = a \cdot w^{\frac{x}{d}}$, deren Graph sich gut über die Datenpunkte legt.

	A	B	C	D	E	…	I–J	K
1	x	y						
2	0	150		a=	150,00		Exponentialfunktion	$y = a \bullet w^{\frac{x}{d}}$
3	1	125		w=	0,8308			
4	2	104		d=	1,00			
5	3	86						
6	4	71						
7	5	59						
8	6	49						
9	7	41						
10	8	34						
11	9	28						
12	10	23						
13	11	20						
14	12	16						

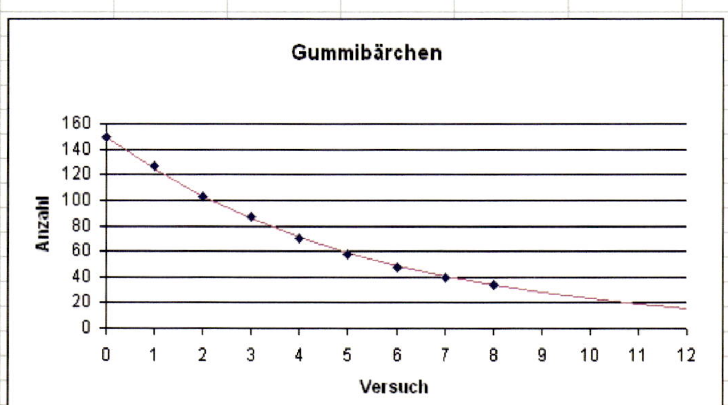

Modellieren eines Zerfalls-prozesses

Beispiel 2: Wieso ist „Ötzi" 5291 Jahre alt?

Am 19.9.1991 wurde am Tisenjoch in den Ötztaler Alpen die im Gletschereis konservierte, trocken mumifizierte Leiche eines 45- bis 53-jährigen Mannes entdeckt. Die noch rekonstruierbare Kleidung aus Fellen, die Gerätschaften aus Holz, Stein und Knochen, der Fellköcher mit Pfeilen, der Bogen sowie ein holzgeschäftetes Kupferbeil lassen einen Hirten oder Bauern aus der späten Jungsteinzeit erkennen. Seit 1998 sind die Mumie und die restaurierten Beifunde im Archäologischen Museum in Bozen (Italien) zu sehen.
Mittels der Radiokarbonmethode wurde der Tod des nach seinem Fundort „Ötzi" genannten Mannes auf zirka 3300 v. Chr. datiert.

Radiokarbonmethode (C-14-Methode)

Für Archäologen ist die Altersbestimmung von Fundstücken eine wichtige Aufgabe. Eine einfache Methode hierfür ist die Radiokarbonmethode.
Bei dieser Methode vergleicht man die Radioaktivität eines lebenden Organismus mit der des Fundes. Dadurch sind Rückschlüsse auf das Alter des Fundes möglich. Die Methode nutzt die Tatsache, dass Pflanzen, Tiere und Menschen zu Lebzeiten radioaktiven Kohlenstoff C-14 aufnehmen. In der Atmosphäre befindet sich ein geringer Anteil des radioaktiven Kohlenstoffes C-14 mit einer Halbwertszeit von 5 730 Jahren. Jeder lebende Organismus enthält, solange er lebt, ebenfalls diesen Anteil an C-14-Atomen. Nach dem Tod wird jedoch kein neues C-14 aufgenommen, so dass sich der Anteil innerhalb von 5 730 Jahren halbiert. Werden antike Holzstücke oder Knochen bei Ausgrabungen auf ihr Alter hin untersucht, so muss lediglich festgestellt werden, welcher Bruchteil des ursprünglichen C-14-Anteils noch vorhanden ist.
Beträgt die Radioaktivität eines Holzstückes zum Beispiel noch 50 % des Wertes eines lebenden Baumes, so beträgt das Alter des Holzstückes 5 730 Jahre.

Datenerfassung und Darstellung

Datei: Ötzi.xls **Tabellenblatt Daten**

1 Benutze das Tabellenblatt Daten als Vorlage.

	A	B	C
1	Jahr	Zeitpunkt	Strahlung
2	-3300	0	100,00%
3	-2800	500	94,13%
4	-2300	1000	88,61%
5	-1800	1500	83,41%
6	-1300	2000	78,51%
7	-800	2500	73,90%
8	-300	3000	69,57%
9	200	3500	65,48%
10	700	4000	61,64%
11	1200	4500	58,02%
12	1700	5000	54,62%
13	2200	5500	51,41%
14	2430	5730	50,00%
15	2700	6000	48,39%

Datei: Ötzi.xls **Tabellenblatt Trend**

2 Markiere die Daten.

	A	B	C
1	Jahr	Zeitpunkt	Strahlung
2	-3300	0	100,00%
3	-2800	500	94,13%
4	-2300	1000	88,61%
5	-1800	1500	83,41%
6	-1300	2000	78,51%
7	-800	2500	73,90%
8	-300	3000	69,57%
9	200	3500	65,48%
10	700	4000	61,64%
11	1200	4500	58,02%
12	1700	5000	54,62%
13	2200	5500	51,41%
14	2700	6000	48,39%
15			

3 Erstelle mit dem Diagrammassistenten ein Diagramm vom TYP Punkt(XY). 

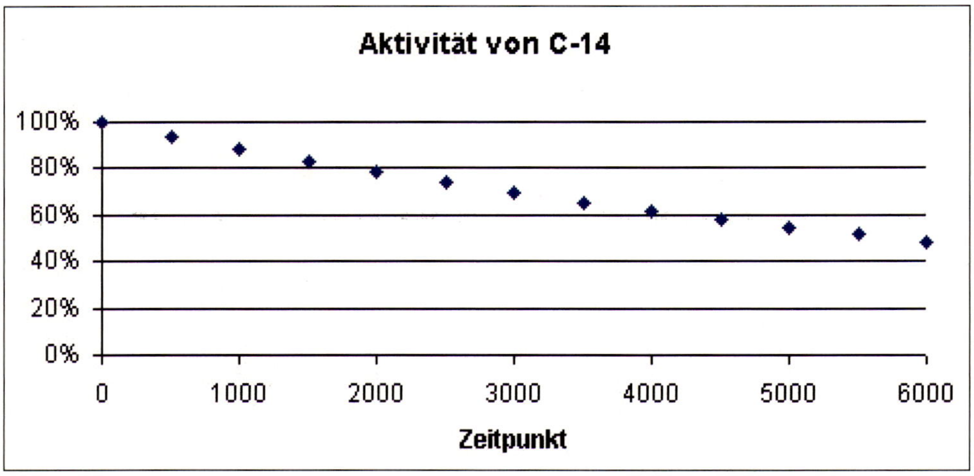

Trendlinien

4 Klicke mit der rechten Maustaste auf die Datenpunkte und wähle aus dem Kontextmenü: „Trendlinie hinzufügen“.

a) Typ Polynomisch
Optionen: Gleichung im Diagramm darstellen

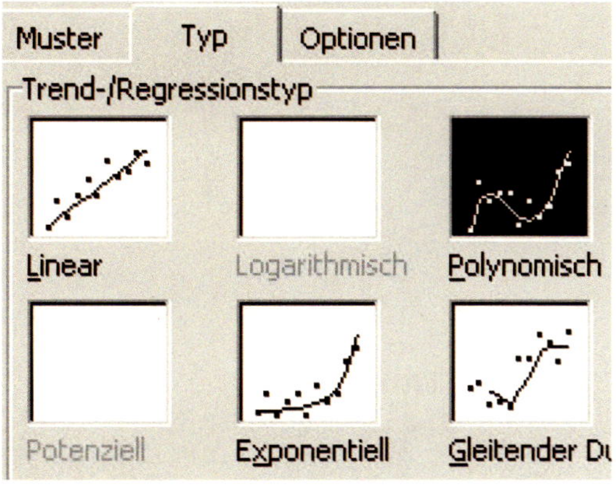

Ergebnis:

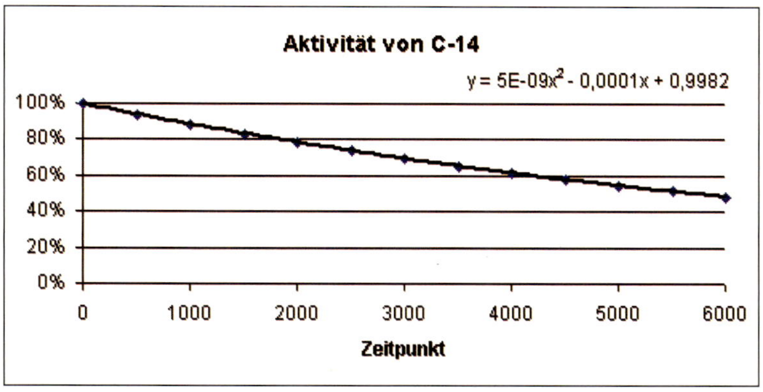

b) Typ Exponentiell
Optionen: Gleichung im Diagramm darstellen

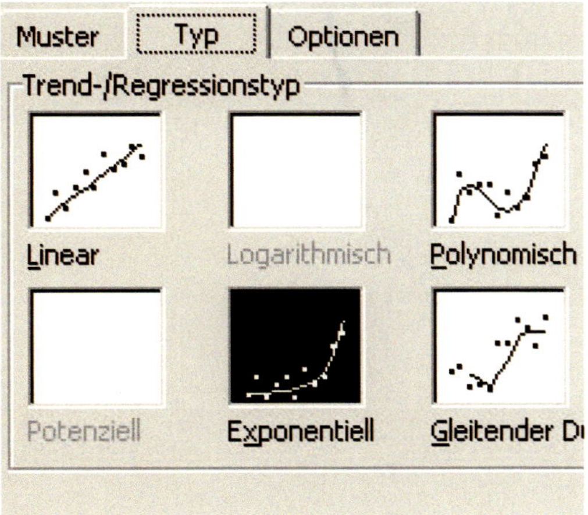

Ergebnis:

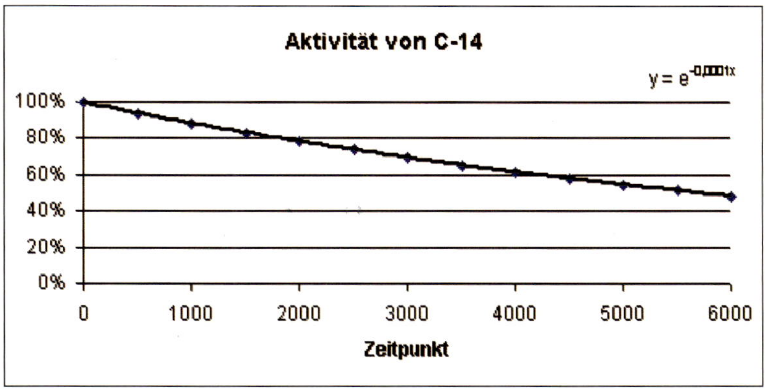

e ist die Basis des natürlichen Logarithmus.

Modellbildung

Datei: Ötzi.xls **Tabellenblatt Modell**

5 Programmiere die grau markierten Zellen.

	A	B	C	D	E	F	G
1	Jahr	Zeitpunkt	Strahlung		Veränderung		
2	-3300	0	100,00%		absolut	prozentual	Wachstumsfaktor
3	-2800	500	94,13%		-5,87%	-5,87%	0,9413
4	-2300	1000	88,61%		-5,52%	-5,87%	0,9413
5	-1800	1500	83,41%		-5,20%	-5,87%	0,9413
6	-1300	2000	78,51%		-4,90%	-5,87%	0,9413
7	-800	2500	73,90%		-4,61%	-5,87%	0,9413
8	-300	3000	69,57%		-4,34%	-5,87%	0,9413
9	200	3500	65,48%		-4,08%	-5,87%	0,9413
10	700	4000	61,64%		-3,84%	-5,87%	0,9413
11	1200	4500	58,02%		-3,62%	-5,87%	0,9413
12	1700	5000	54,62%		-3,41%	-5,87%	0,9413
13	2200	5500	51,41%		-3,21%	-5,87%	0,9413
14	2700	6000	48,39%		-3,02%	-5,87%	0,9413
15							
16	Jahr	Zeitpunkt	Strahlung				
17	-3300	0	100,00%				
18	-2800	500	94,13%				
19	-2300	1000	88,61%				
20	-1800	1500	83,41%				
21	-1300	2000	78,51%				
22	-800	2500	73,90%				
23	-300	3000	69,57%				
24	200	3500	65,48%				
25	700	4000	61,64%				
26	1200	4500	58,02%				
27	1700	5000	54,62%				
28	1991	5291	52,73%				
29	2200	5500	51,41%				
30	2430	5730	50,00%				
31	2700	6000	48,39%				

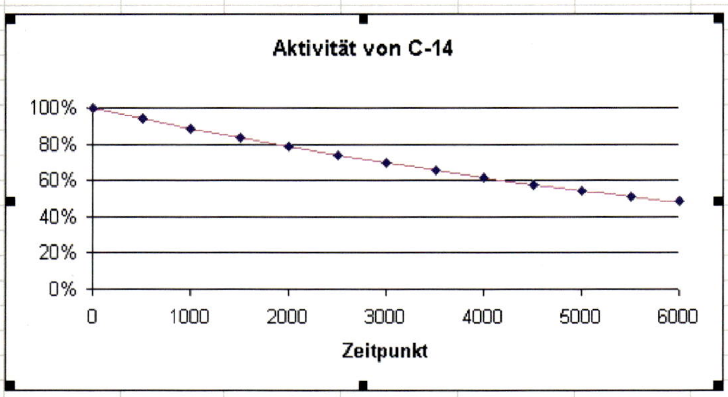

Die Abnahme der Aktivität erfolgt mit 5,87 % in jeweils 500 Jahren.

Datei: Ötzi.xls **Tabellenblatt Exp Fkt**

6 Bestimme Anfangswert, Wachstumsfaktor und Vervielfachungszeit der Exponentialfunktion $y = a \cdot w^{\frac{x}{d}}$, deren Graph sich gut über die Datenpunkte legt.

	A	B	C	D	E	F	…	H–J
1	Jahr	x	y					
2	-3300	0	100,00%		a=	100%		Exponentialfunktion $y = a \bullet w^{\frac{x}{d}}$
3	-2800	500	94,13%		w=	0,5000		
4	-2300	1000	88,61%		d=	5730		
5	-1800	1500	83,41%					
6	-1300	2000	78,51%					
7	-800	2500	73,90%					
8	-300	3000	69,57%					
9	200	3500	65,48%		Jahr 0	-3300		
10	700	4000	61,64%		Dist.	500		
11	1200	4500	58,02%					
12	1700	5000	54,62%					
13	1991	5291	52,73%					
14	2004	5304	52,64%					
15	2100	5400	52,04%					
16	2430	5730	50,00%					
17	4275	7575	40,00%					
18								
19								
20								
21								

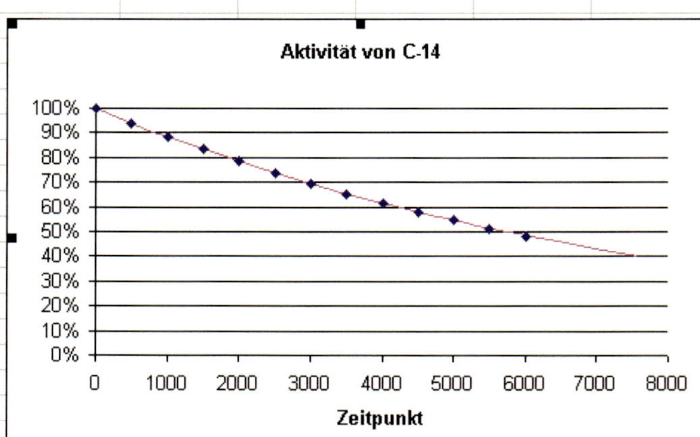

Zwei Beispiele: $y = 100 \cdot 0{,}9413^{\frac{x}{500}}$, $y = 100 \cdot 0{,}5^{\frac{x}{5730}}$

1 1997: Auf der Weltklimakonferenz im japanischen Kyoto versprach Deutschland, seine CO_2-Emissionen vom Stand 1990 bis spätestens 2012 um 21 % zu senken.

CO_2-Bilanz in Deutschland

Jahr	CO_2-Emission in Mio t	Rückgang bezogen auf 1990
1990	1 015,0	
1995	899,6	– 11,37 %
2001	870,9	– 14,20 %
2012		– 21,00 %

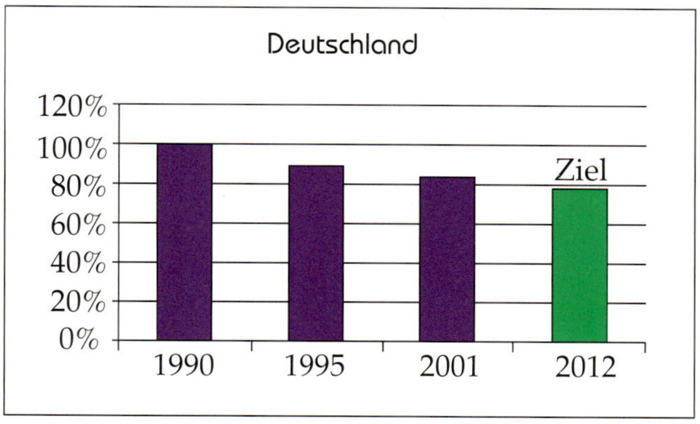

CO_2-Bilanz in Großbritannien

Jahr	CO_2-Emission in Mio t	Rückgang bezogen auf 1990
1990		
1997	540,6	– 7 %
2012		– 12,5 %

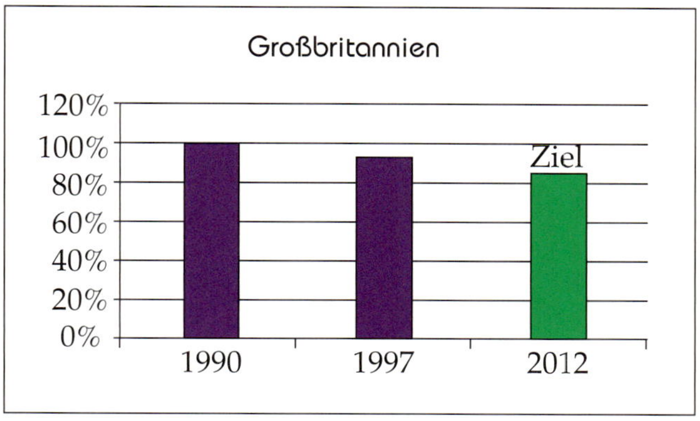

CO_2-Bilanz der USA

Jahr	CO_2-Emission in Mio t	Rückgang bezogen auf 1990
1990	4 915,0	
1997	5 455,6	+ 11%
2012		– 7 %

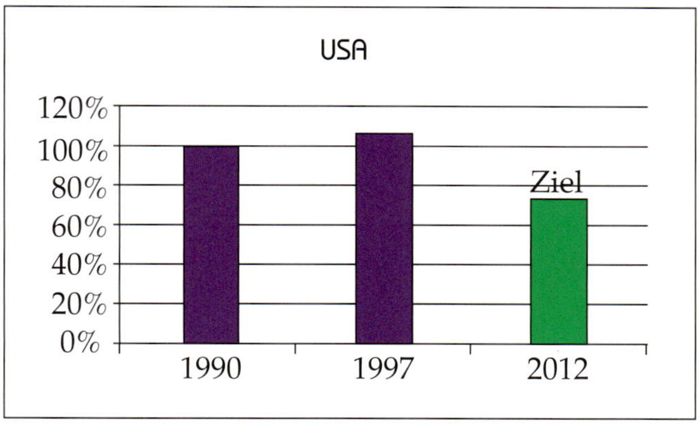

Datei: CO_2.xls

2 Am 26. April 1986 gab es im Kernkraftwerk Tschernobyl einen GAU (den größten anzunehmenden Unfall).
Dabei wurde das radioaktive Cäsium (Cs137), das eine Halbwertszeit von 30 Jahren hat, freigesetzt und über große Gebiete Deutschlands und Europas als Fallout verteilt.

Datei: Cäsium.xls

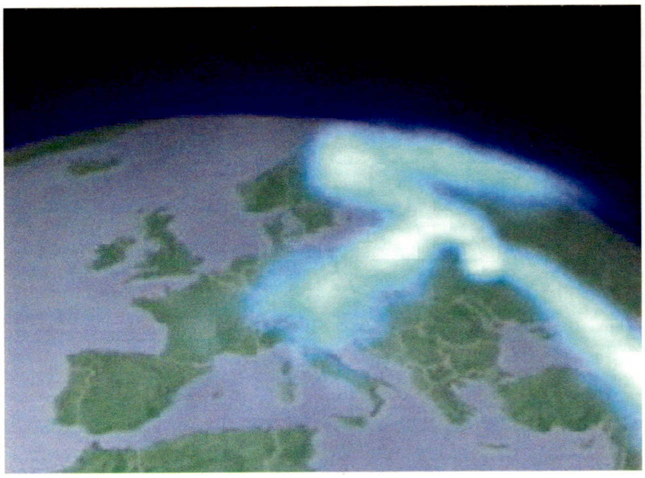

3 Bei einem Auto mit einem durchschnittlichen Wertverlust von 25 % pro Jahr beträgt der Verkaufspreis nach fünf Jahren noch 8 068 €.

Datei: Wertverlust Kfz.xls

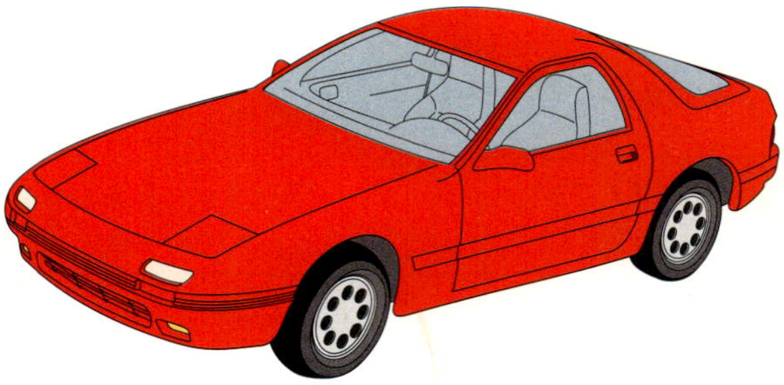

4 Von der fast 700 Fahrzeugtypen umfassenden Mittelklasse wurden im letzten Jahr insgesamt über eine Million Fahrzeuge neu zugelassen. Der prognostizierte durchschnittliche Wertverlust in der so genannten „Brot- und Butterklasse" beträgt im dritten Jahr nach der Neuzulassung 35 Prozent und im fünften Jahr 47,8 Prozent. Bei einem durchschnittlichen Neupreis von 23 200 Euro sind die Mittelklässler somit nach **...**

Datei: Wertverlust Mittelklasse.xls

Beispiel:

Typ	Neupreis	Restwert nach 6 Jahren	Wertverlust nach 6 Jahren
Audi A4 Avant 2.0 TDI	29 550 Euro		

5 Fahrzeuge der Oberklasse **verlieren außerordentlich schnell an Wert.** Der durchschnittliche Wertverlust erreicht bereits im ersten Jahr 30,1 Prozent, im dritten Jahr 46,5 Prozent und im fünften Jahr sogar horrende 54,9 Prozent. Ausgehend von einem durchschnittlichen Neupreis in der Oberklasse von 64 000 Euro beträgt der Fahrzeugwert somit nach ...

Datei: Wertverlust Oberklasse.xls

Beispiel:

Typ	Neupreis	Restwert nach 2 Jahren	Wertverlust nach 2 Jahren
Mercedes CLS 350	54 346 Euro		

8 Altersbestimmungen

Malerei aus der Grabkammer: Tutanchamun begrüßt Osiris

Im November 1922 wurde das Grabmal des ägyptischen Königs Tutanchamun geöffnet. Es enthielt über 5 000 wertvolle Gegenstände wie goldene Statuen, Liegen, Wagenräder, Vasen, wertvolle Gläser usw. Außerdem fand man einen vergoldeten Holzschrein, in dem sich sieben weitere Schreine, teilweise aus purem Gold, befanden. Die Mumie des Königs Tutanchamun, der nur neun Jahre lang regierte und kaum älter als 18 Jahre wurde, zeigte eine **C-14-Aktivität** INFO von 67,53 %.

Datei: Tutanchamun.xls

	A	B	C	D	E	F	G	H	I	J
1		Zeitpunkt	Strahlung	Berechnung des Todesjahres				Zur Programmierung der Zelle B4 muss		
2	Jahr	x	y					folgende Gleichung nach x aufgelöst werden!		
3	-1323	0	100,00%		Anfangswert	100%				
4	1922	3245	67,53%		Wachstumsfaktor	0,5				
5					Halbwertzeit	5730				
6										
7										
8					gemessene Strahlung	67,53%				
9					im Jahr	1922				

$$y = a \cdot w^{\frac{x}{d}}$$

$$\frac{y}{a} = w^{\frac{x}{d}}$$

$$\ln\left(\frac{y}{a}\right) = \ln\left(w^{\frac{x}{d}}\right)$$

$$\ln\left(\frac{y}{a}\right) = \frac{x}{d} \cdot \ln(w)$$

$$\frac{\ln\left(\frac{y}{a}\right)}{\ln(w)} = \frac{x}{d}$$

$$\frac{\ln\left(\frac{y}{a}\right)}{\ln(w)} \cdot d = x$$

1 Der Auerochse (Ur) INFO ist von zahlreichen Höhlenzeichnungen bekannt, z. B. aus der Höhle von Lascaux. In der Steinzeit war der Ur ein begehrtes Jagdtier und wurde etwa im 6. Jahrtausend v. Chr. domestiziert. Die so aus dem Auerochsen entstandenen Hausrinder waren für die Entwicklung der Landwirtschaft von erheblicher Bedeutung.

Datei: C14.xls

Bild eines Auerochsen in der Höhle von Lascaux in Südfrankreich, die im Jahr 1940 entdeckt wurde.
Die in den ältesten Farben enthaltenen organischen Bestandteile zeigten eine C-14-Aktivität von 16,29 %.

2 Eine besondere Wunderpflanze der Wüsten des südlichen Afrikas ist die Welwitschia mirabilis. Seit ihrer Entdeckung im Jahr 1859 hat die Welwitschia der Wissenschaft schon viele Rätsel aufgegeben. Denn das Gewächs stammt wahrscheinlich aus dem Erdmittelalter und gilt heute als lebendes Fossil einer längst ausgestorbenen Pflanzenart, sie ist eine Besonderheit in der Botanik. Bisher konnte noch keine Verwandtschaft zu einer heute noch existierenden Pflanzenart nachgewiesen werden. Untersuchungen mit der Radiokarbonmethode haben ergeben, dass schon abgestorbene kleinere Exemplare eine C-14-Aktivität zwischen 93 % und 94 % haben und die Überreste einer ausgewachsenen Pflanze zwischen 69 % und 70 %.

Datei: C14.xls

3 Der Fund eines etwa 120 cm langen Stückes einer Zirbe (einer Kiefernart) im Oktober 1990 ermöglichte es den Wissenschaftlern, eine Wärmeperiode nachzuweisen. Mithilfe der Radiokarbonmethode wurde eine C-14-Aktivität von 34,11% bei dem Holz festgestellt. Die Auszählung seiner Jahresringe ergab ein Alter von 225 Jahren, sein Wuchsort lag eindeutig oberhalb der jetzigen Gletschergrenze. Die Zirbe wurde nach einer mehrere Jahrhunderte dauernden Wärmeperiode im Jahr vor Christus vom wieder vorrückenden Gletscher erdrückt und im ewigen Eis eingeschlossen.

Datei: C14.xls

4 Archäologen kartografierten im Jahr 2002 auf dem Grund des Bodensees eine historische Pfahlbausiedlung.
Holzstämme, die sie bergen konnten, zeigten eine C-14-Aktivitat von 31,75 %.

Datei: C14.xls

Die Entstehung von C-14

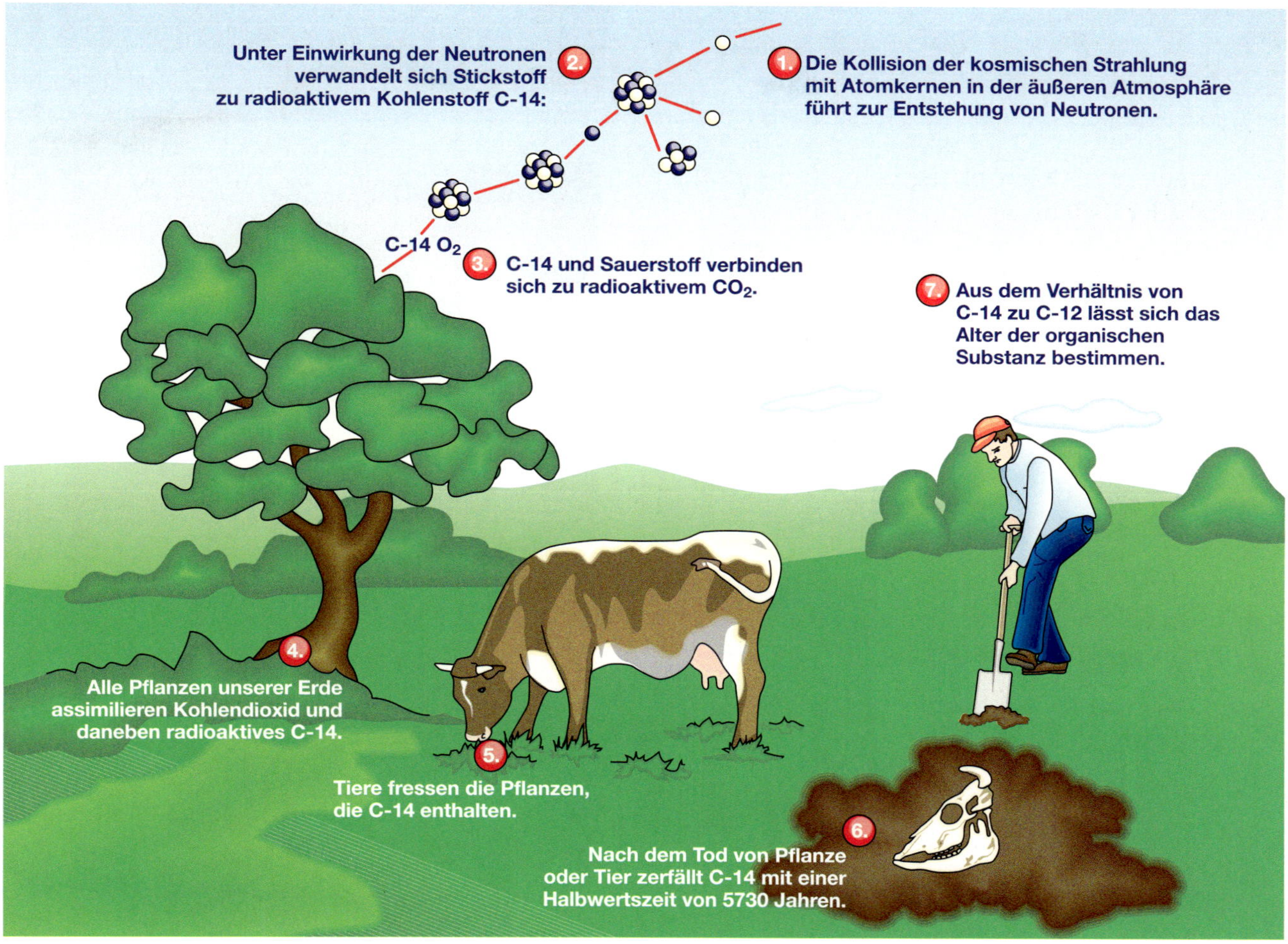

Der Auerochse (Ur)

Der Auerochse oder Ur (bos primigenius) ist der Stammvater aller Hausrinder. Einst waren diese Wildrinder zusammen mit dem Wisent (bison bosanus) über weite Teile Europas und Asiens verbreitet. Vor etwa 250 000 Jahren wurde der Ur dann im Gebiet des heutigen Deutschland nachgewiesen – und graste auch in den Auen des Speckbachs in Auerbach in der Oberpfalz. Durch Funde von vor- und nacheiszeitlichen Auerochsenskeletten weiß man, dass die Rinder bis Mittelschweden vordrangen und selbst in England heimisch waren.
Vor über 350 Jahren ist der Auerochse vorläufig ausgestorben, vom Menschen gejagt und durch die sich auf Kosten der Wälder ausbreitende Kulturlandschaft verdrängt. Die letzten Ure in größerer Zahl sollen sich in den ausgedehnten Wäldern von Masowien (Polen) gehalten haben. Im Gebiet der Gemeinde Jaktorow (südwestlich von Warschau), in deren Wappen heute noch ein stilisierter Ur zu finden ist, sollen diese Tiere auf dieselbe Weise gehegt worden sein wie heute der Wisent. 1627 schließlich ist der Überlieferung nach dort der letzte Auerochse ums Leben gekommen.
Den Brüdern Heinz Heck und Dr. Lutz Heck, beide Leiter großer deutscher Zoos, gelang es durch Rückzüchtungen in den 1930er-Jahren im Tierpark Hellabrunn in München bzw. im Zoologischen Garten von Berlin, schon nach wenigen Generationen einen „Neuen Auerochsen“ vorzustellen, der mit Ausnahme der Größe wesentliche Eigenschaften des Ur-Rindes aufwies. Obwohl von den Brüdern Heck unterschiedliche Rassen für die Rückzüchtung verwendet wurden, kamen beide zu demselben Ergebnis, einem Rind, das die gewünschten Auerochseneigenschaften annähernd in sich vereinigte. Inzwischen hat sich eine recht widerstandsfähige Rasse stabilisiert und es dürften heute europaweit schon ein paar Tausend Tiere leben, die auf die Rückzüchtungen der Gebrüder Heck zurückzuführen sind.

(© Rudolf Weber; http://www.weber-rudolf.de/auerochsen.htm)

9 Die Benford-Verteilung

Alles begann mit einer kuriosen Entdeckung Ende des 19. Jahrhunderts: Damals nutzten Wissenschaftler **Logarithmentafeln**, um komplizierte Rechnungen zu vereinfachen. Nach einigen Jahren sah man ihnen ihren intensiven Gebrauch an: Die Ecken waren abgegriffen und auch die Seiten vom vielen Blättern deutlich dunkler gefärbt. Das Erstaunliche aber war: Die ersten Seiten waren viel schmutziger als die hinteren – so als ob jene Zahlen, die mit niedrigen Ziffern beginnen, häufiger nachgeschlagen wurden als jene, die mit höheren Ziffern anfangen.

Abgegriffene Seiten führten zu einer mysteriösen Entdeckung

Diese Entdeckung veröffentlichte als Erster der Mathematiker Simon Newcomb (1835–1909): Im *American Journal of Mathematics* schrieb er im Jahr 1881, dass die 1 als erste Ziffer einer Zahl mit einer Wahrscheinlichkeit von 30,1% auftauche. Die 2 als erste Ziffer folge mit 17,6 % und die 9 komme am seltensten vor: Lediglich 4,6 % aller Zahlen begännen mit dieser Ziffer.

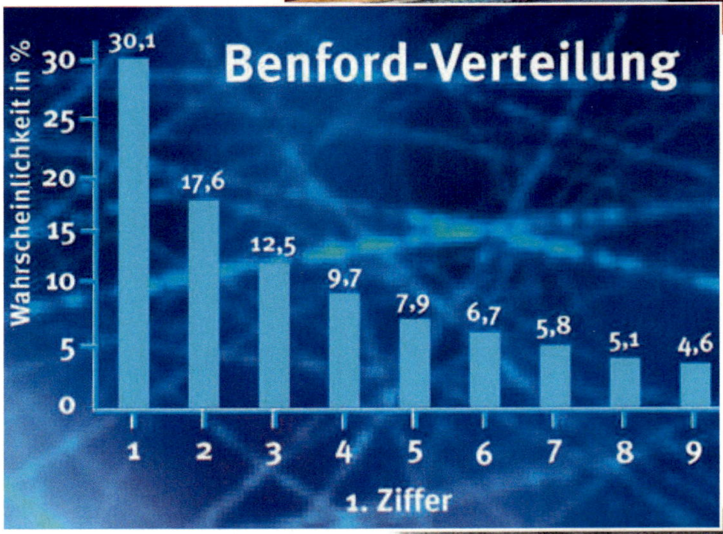

Das Benford-Gesetz

Newcombs Entdeckung geriet in Vergessenheit. Viele Jahre später – in den 1920er-Jahren – waren es wiederum Logarithmentafeln, an denen die charakteristisch erscheinende Verteilung der Ziffern neu entdeckt wurde: Der amerikanische Physiker Frank Benford (1883–1948) untersuchte daraufhin die Zahlen aus ganz unterschiedlichen Lebensbereichen. Egal, ob er die Länge der Flüsse in den USA, die Fläche von Seen, die Hausnummern einer Stadt oder alle Zahlen in einer Ausgabe des *Reader's Digest* untersuchte: Er fand überall, dass etwa 30 % dieser Zahlen mit einer 1 beginnen. Benford veröffentlichte seine Beobachtungen schließlich 1938. Die verblüffende Verteilung der Anfangsziffern bei Zahlen ist schließlich nach ihrem zweiten Entdecker **Benfords Gesetz** genannt worden.

(http://www.quarks.de/dyn/5315.phtml; Verfasser: Axel Bach)

Das Rätsel der sonderbaren Ziffern-Verteilung

Die prozentuale Verteilung der ersten Ziffern ist natürlich auch vom Zahlenbereich abhängig, aus dem die Zahlen stammen. Betrachtet man alle Zahlen von 1 bis 9, dann kommt jede Ziffer gleich häufig vor – nämlich zu je einem Neuntel (11,1 %).
Bei den Zahlen von 1 bis 19 sieht die Sache schon anders aus: Die 1 hat als führende Ziffer die Vorherrschaft übernommen: Sie kommt elfmal vor, das sind 57,9%.
Bei den Zahlen von 1 bis 99 sind es ebenfalls elf Zahlen, die mit der 1 beginnen – prozentual sind es aber nun wiederum nur 11,1 %.
Führt man diese Berechnungen fort, erhält man immer wieder ähnliche Wahrscheinlichkeitsverteilungen.
Bei 1 bis 1999 sind es 55,6 %, bei 1 bis 9999 hingegen wieder 11,1 %.
Wenn man diese beiden Extremwerte mittelt, kommt man für die Ziffer 1 auf eine Wahrscheinlichkeit von etwa 33 %.

Dass die 1 immer die Nase vorn hat, kann man sich aber auch auf eine andere Art plausibel machen, z. B. bei Zahlen aus dem Wirtschaftsleben: Wenn etwa ein Aktien-Index von 1000 auf 2000 Punkte steigt, muss er um 100 Prozent zulegen.
Die nächsten 1000er-Sprünge betragen 50 %; 33,3 %; 25 %; 20 %; 16,7 %; 14,3 %; 12,5 %; 11,1 %. Von 10 000 auf 11 000 Punkte genügt schon ein Zuwachs von 10 Prozent. Die Werte verharren also im Bereich der führenden 1 deutlich länger als in den anderen.

(http://www.quarks.de/dyn/5315.phtml; Verfasser: Axel Bach)

Datei: Benford.xls **Tabellenblatt Benford**

Untersuche beliebige Zahlräume, insbesondere den Zahlraum 1 bis 1999.

	A	B	C	D	E	F	G	H	I	J	K	L	M	N	O	P	Q	R	S
1														erste Ziffer	Anzahl		abs. H.	rel. H.	
2	1118	974	1464	1469	735	874	1036	1337	1823	879				1	578		2432336	55,61%	
3	743	792	998	1567	257	859	1224	1772	1727	1406				2	54		241913	5,53%	
4	1457	1984	163	1606	241	1899	689	1894	1841	363				3	60		243989	5,58%	
5	1892	125	1792	432	1781	568	24	686	1595	313				4	46		242961	5,55%	
6	345	1022	978	527	881	896	69	1119	778	1668				5	60		242466	5,54%	
7	1296	757	1115	1864	1473	556	1534	29	1142	730				6	54		242812	5,55%	
8	1324	1950	1211	1194	1634	503	307	340	1473	705				7	48		242971	5,55%	
9	143	327	592	203	1727	1040	1858	850	1473	1821				8	46		242849	5,55%	
10	1423	211	175	589	1402	1474	850	812	1058	188				9	54		241703	5,53%	
11	979	1001	1767	1800	1832	467	1122	1866	595	1063									
12	200	1652	1102	390	59	1307	1903	921	1404	132					1000		4374000		
13	550	1933	975	193	300	1960	1248	59	906	1524									
14	49	102	1450	1376	1904	651	1763	709	1759	12				Zufallszahlen					
15	431	1506	1764	1314	2	552	1609	1901	229	1623				von	1				
16	175	553	1576	1728	1326	953	609	1511	819	1711				bis	1999				
17	1652	1973	1475	1703	1667	334	1547	157	522	326									
18	343	621	707	271	693	245	93	386	1846	987									
19	1211	502	1257	1822	1800	144	545	911	161	1525									
20	1143	923	696	99	1261	1181	1398	550	1085	1423				Zurücksetzen:0			Neue Zufallszahlen: F9		
21	782	376	1161	743	421	153	413	1977	365	52				Iteration: 1	1				
22	297	314	930	1910	1089	715	1787	1011	601	1567							Einstellungen:		
23	491	671	1164	1469	459	213	1788	682	1234	316							Extras Optionen		
24	737	92	138	468	1748	1075	1978	212	1276	1008							Berechnung		
25	1109	806	1310	1899	1815	59	1186	1327	1871	1342								Iteration	☑
26	1009	1389	1604	488	265	1147	1552	1611	1552	1846								Max. Iterationszahl: 1	
27	972	1130	901	90	134	1774	1352	1720	1169	219									

Auf Verbrecherjagd mit Benford

Kann man mit bloßer Ziffern-Analyse Verbrechern auf die Schliche kommen? Diese Frage scheint auf den ersten Blick absurd. Aber die Antwort lautet: Man kann.
Der amerikanische Professor des Buchhaltungswesens Mark Nigrini hat sich durch Benfords Gesetz inspirieren lassen: Er schrieb ein einfaches Computer-Programm, mit dem man große Zahlenmengen auf ihre Verteilung nach Benford analysieren kann. Seine Idee war: Wenn Zahlen in der Buchhaltung eines Betriebs von der Benford-Verteilung statistisch signifikant abweichen, könnten dahinter eventuell betrügerische Mitarbeiter stecken. [...]
Der Fall: Die Unterschriftengrenze
Ein Mitarbeiter im Einkauf bevorzugt einen bestimmten Lieferanten, obwohl der nicht der günstigste ist. Solange die Bestellungen aber unter 2 000 Euro bleiben, merkt das niemand. Seinen Chef muss er nämlich erst ab dieser Grenze gegenzeichnen lassen. Die Lieferfirma zeigt sich für die Bezahlung überhöhter Rechnungen erkenntlich und spendiert hin und wieder einen Kurzurlaub.

(http://www.quarks.de/dyn/5315.phtml; Verf.: Axel Bach)

Zur Analyse benutzen wir zwei Datensätze mit jeweils 500 Rechnungsbeträgen. Ein Datensatz ist das Original, in dem anderen wurden 10 Rechnungen manipuliert.

Datei: Analyse.xls **Tabellenblatt Analyse**

Kopiere den Datensatz 1 in das Tabellenblatt Analyse.xls, Zelle A2, und den Datensatz 2 in die Zelle G2. Untersuche mithilfe von Benford die Daten.

	A	B	C	D	E	F	G	H	I	J	K	L	M	N	O
1	Datensatz1						Datensatz2						erste Ziffer	Anzahl	
2	1127,59	609,25	1119,32	960,41	1578,28		1127,59	609,25	1119,32	1960,41	1578,28		1	278	55,60%
3	1663,85	1463,81	1937,56	932,81	324,33		1663,85	1463,81	1937,56	932,81	324,33		2	27	5,40%
4	523,89	324,17	1958,75	1172,36	142,09		523,89	324,17	1958,75	1172,36	142,09		3	27	5,40%
5	1568,96	1128,49	1138,10	1534,55	755,33		1568,96	1128,49	1138,10	1534,55	755,33		4	29	5,80%
6	598,79	308,67	1567,32	964,14	199,96		598,79	308,67	1567,32	964,14	199,96		5	28	5,60%
7	1258,55	1015,46	422,64	1448,24	896,94		1258,55	1015,46	422,64	1448,24	896,94		6	27	5,40%
8	289,95	1651,48	1903,55	735,71	1638,94		289,95	1651,48	1903,55	735,71	1638,94		7	27	5,40%
9	353,75	551,45	1186,56	663,12	326,42		353,75	551,45	1186,56	663,12	326,42		8	29	5,80%
10	1343,07	1565,69	940,61	954,79	328,75		1343,07	1565,69	1940,61	954,79	328,75		9	28	5,60%
11	731,87	1907,26	1193,72	21,82	758,73		731,87	1907,26	1193,72	21,82	758,73				
12	1571,11	272,24	1651,49	55,84	1353,75		1571,11	272,24	1651,49	55,84	1353,75			500	
13	1554,15	1601,91	845,59	1297,64	1129,16		1554,15	1601,91	845,59	1297,64	1129,16				
14	1734,55	213,30	537,18	890,96	1119,78		1734,55	213,30	537,18	1890,96	1119,78				
15	1338,58	1433,70	76,57	1040,87	119,46		1338,58	1433,70	76,57	1040,87	119,46		erste Ziffer	Anzahl	
16	545,21	1826,51	1735,20	575,99	265,12		545,21	1826,51	1735,20	575,99	265,12		1	288	57,60%
17	1754,94	506,18	336,83	283,42	1520,12		1754,94	506,18	336,83	283,42	1520,12		2	27	5,40%
18	1043,94	301,54	1569,66	1967,68	896,25		1043,94	301,54	1569,66	1967,68	896,25		3	27	5,40%
19	699,32	1975,76	262,49	1854,46	457,32		699,32	1975,76	262,49	1854,46	457,32		4	29	5,80%
20	765,28	251,90	1830,74	1373,79	1371,95		765,28	251,90	1830,74	1373,79	1371,95		5	28	5,60%
21	1922,69	824,41	1210,58	1706,81	1602,69		1922,69	824,41	1210,58	1706,81	1602,69		6	27	5,40%
22	643,49	1549,08	1764,80	1438,00	294,31		643,49	1549,08	1764,80	1438,00	294,31		7	27	5,40%
23	1297,57	416,59	10,95	207,95	1956,61		1297,57	416,59	10,95	207,95	1956,61		8	24	4,80%
24	66,56	702,60	306,85	1750,51	387,00		66,56	702,60	306,85	1750,51	387,00		9	23	4,60%
25	1279,73	1175,15	1600,46	596,62	1024,52		1279,73	1175,15	1600,46	596,62	1024,52				
26	636,26	441,83	1989,62	482,62	793,50		636,26	441,83	1989,62	482,62	793,50			500	
27	1294,36	903,90	253,14	1958,56	1333,07		1294,36	903,90	253,14	1958,56	1333,07				

Datensatz 1

1127,59	609,25	1119,32	960,41	1578,28
1663,85	1463,81	1937,56	932,81	324,33
523,89	324,17	1958,75	1172,36	142,09
1568,96	1128,49	1138,10	1534,55	755,33
598,79	308,67	1567,32	964,14	199,96
1258,55	1015,46	422,64	1448,24	896,94
289,95	1651,48	1903,55	735,71	1638,94
353,75	551,45	1186,56	663,12	326,42
1343,07	1565,69	940,61	954,79	328,75
731,87	1907,26	1193,72	21,82	758,73
1571,11	272,24	1651,49	55,84	1353,75
1554,15	1601,91	845,59	1297,64	1129,16
1734,55	213,30	537,18	890,96	1119,78
1338,58	1433,70	76,57	1040,87	119,46
545,21	1826,51	1735,20	575,99	265,12
1754,94	506,18	336,83	283,42	1520,12
1043,94	301,54	1569,66	1967,68	896,25
699,32	1975,76	262,49	1854,46	457,32
765,28	251,90	1830,74	1373,79	1371,95
1922,69	824,41	1210,58	1706,81	1602,69
643,49	1549,08	1764,80	1438,00	294,31
1297,57	416,59	10,95	207,95	1956,61
66,56	702,60	306,85	1750,51	387,00
1279,73	1175,15	1600,46	596,62	1024,52
636,26	441,83	1989,62	482,62	793,50
1294,36	903,90	253,14	1958,56	1333,07
227,07	1826,45	1151,72	1379,23	815,76
397,55	985,19	1011,63	821,75	1134,74
313,05	689,55	143,48	271,12	1856,42
603,43	1854,10	890,66	180,06	1935,96
1409,52	420,71	506,36	123,32	392,00
472,81	475,73	1085,36	1252,36	203,43
1883,66	1358,24	580,29	481,11	1997,00
1694,41	1805,10	1418,04	209,63	450,21
723,69	1593,77	914,51	537,84	1456,24
64,91	1194,28	1570,70	208,38	180,28
1661,37	1105,88	717,49	1825,38	627,69
1061,98	1565,03	463,02	198,55	1556,10
1733,02	1166,75	1041,36	593,32	963,99
1698,47	1692,26	662,87	1954,25	508,99
1391,32	1635,96	1425,03	824,84	1453,57
928,16	617,57	821,35	1175,08	898,77
1276,15	1957,78	1597,61	646,26	767,68
511,32	809,55	1257,51	871,51	37,74
302,45	529,27	1167,01	1595,87	1514,31
660,09	585,66	1284,56	659,61	1879,53
701,22	1939,50	1994,70	357,29	1347,65
1868,43	1710,35	373,86	141,98	1763,11
908,72	1631,24	1117,20	137,38	550,55
532,56	1494,16	150,04	931,28	1274,50
183,60	652,31	193,81	979,55	1641,35
1326,11	863,99	147,15	574,46	1275,48
714,93	1438,10	1307,34	420,41	1596,88

Datensatz 2

1127,59	609,25	1119,32	1960,41	1578,28
1663,85	1463,81	1937,56	932,81	324,33
523,89	324,17	1958,75	1172,36	142,09
1568,96	1128,49	1138,10	1534,55	755,33
598,79	308,67	1567,32	964,14	199,96
1258,55	1015,46	422,64	1448,24	896,94
289,95	1651,48	1903,55	735,71	1638,94
353,75	551,45	1186,56	663,12	326,42
1343,07	1565,69	1940,61	954,79	328,75
731,87	1907,26	1193,72	21,82	758,73
1571,11	272,24	1651,49	55,84	1353,75
1554,15	1601,91	845,59	1297,64	1129,16
1734,55	213,30	537,18	1890,96	1119,78
1338,58	1433,70	76,57	1040,87	119,46
545,21	1826,51	1735,20	575,99	265,12
1754,94	506,18	336,83	283,42	1520,12
1043,94	301,54	1569,66	1967,68	896,25
699,32	1975,76	262,49	1854,46	457,32
765,28	251,90	1830,74	1373,79	1371,95
1922,69	824,41	1210,58	1706,81	1602,69
643,49	1549,08	1764,80	1438,00	294,31
1297,57	416,59	10,95	207,95	1956,61
66,56	702,60	306,85	1750,51	387,00
1279,73	1175,15	1600,46	596,62	1024,52
636,26	441,83	1989,62	482,62	793,50
1294,36	903,90	253,14	1958,56	1333,07
227,07	1826,45	1151,72	1379,23	815,76
397,55	1985,19	1011,63	821,75	1134,74
313,05	689,55	143,48	271,12	1856,42
603,43	1854,10	890,66	180,06	1935,96
1409,52	420,71	506,36	123,32	392,00
472,81	475,73	1085,36	1252,36	203,43
1883,66	1358,24	580,29	481,11	1997,00
1694,41	1805,10	1418,04	209,63	450,21
723,69	1593,77	914,51	537,84	1456,24
64,91	1194,28	1570,70	208,38	180,28
1661,37	1105,88	717,49	1825,38	627,69
1061,98	1565,03	463,02	198,55	1556,10
1733,02	1166,75	1041,36	593,32	963,99
1698,47	1692,26	662,87	1954,25	508,99
1391,32	1635,96	1425,03	1824,84	1453,57
928,16	617,57	821,35	1175,08	898,77
1276,15	1957,78	1597,61	646,26	767,68
511,32	809,55	1257,51	1871,51	37,74
302,45	529,27	1167,01	1595,87	1514,31
660,09	585,66	1284,56	659,61	1879,53
701,22	1939,50	1994,70	357,29	1347,65
1868,43	1710,35	373,86	141,98	1763,11
908,72	1631,24	1117,20	137,38	550,55
532,56	1494,16	150,04	931,28	1274,50
183,60	652,31	193,81	979,55	1641,35
1326,11	863,99	147,15	574,46	1275,48
714,93	1438,10	1307,34	420,41	1596,88

1320,17	568,58	1445,29	1982,73	779,47
475,50	839,27	1235,25	74,64	71,93
1557,43	1863,16	1903,00	1334,45	808,99
1030,16	914,05	62,34	1240,89	1570,51
1873,76	31,87	1778,04	1497,37	1637,70
1170,16	521,50	907,00	785,71	982,26
1223,92	736,35	1947,08	437,50	1441,01
458,33	177,78	1536,25	1664,06	1570,29
567,12	1139,94	1549,25	1468,61	1037,72
46,16	256,41	131,36	1364,72	236,43
1233,10	636,69	456,73	477,37	1276,99
657,40	186,38	1978,34	1625,92	838,23
1874,88	1027,37	1503,01	1098,35	985,20
841,02	416,41	250,95	426,77	95,30
1731,40	1249,76	713,03	846,91	304,37
796,06	658,70	942,75	14,58	1876,47
1158,76	481,06	1507,35	1706,98	1319,30
1105,47	855,86	211,86	346,05	725,18
889,50	1925,75	1532,06	487,51	907,58
1081,13	1689,72	1645,30	1178,35	1021,53
571,17	869,61	1404,88	895,27	1490,96
155,66	118,50	984,70	230,96	1990,56
591,92	847,78	874,44	816,74	1835,99
487,57	1475,49	719,55	847,79	989,20
1927,85	1514,39	944,74	1532,20	1943,87
621,09	1227,85	1407,89	429,12	1116,11
362,70	486,05	512,76	998,47	1511,30
834,57	1012,61	422,50	141,93	1267,78
1937,05	1923,61	1830,16	1599,89	988,14
159,01	1097,24	1989,12	1602,79	1511,57
1987,99	492,90	1815,86	1171,86	1251,73
719,97	235,96	1176,63	112,69	1891,23
1147,05	1433,56	660,17	1428,04	408,16
1676,29	1715,50	1002,99	1977,51	1502,23
1941,45	1186,61	164,83	234,95	1216,56
1536,23	1488,49	380,14	1873,58	249,36
142,21	20,50	1788,43	1634,46	695,16
437,01	660,60	1636,53	1053,26	1899,72
1839,59	316,70	529,70	1418,33	996,57
1250,01	1120,38	1442,39	1472,88	1047,95
286,68	1564,02	614,88	380,69	1287,80
146,56	712,20	709,70	107,36	1515,96
935,99	1601,20	1923,34	1259,43	1691,82
1804,61	628,44	1600,86	537,29	28,04
1693,02	94,42	378,90	1686,66	1644,67
1255,96	1602,72	872,51	1895,16	339,32
366,79	734,80	754,85	1718,14	648,43

1320,17	568,58	1445,29	1982,73	779,47
475,50	839,27	1235,25	74,64	71,93
1557,43	1863,16	1903,00	1334,45	808,99
1030,16	914,05	62,34	1240,89	1570,51
1873,76	31,87	1778,04	1497,37	1637,70
1170,16	521,50	1907,00	785,71	982,26
1223,92	736,35	1947,08	437,50	1441,01
458,33	177,78	1536,25	1664,06	1570,29
567,12	1139,94	1549,25	1468,61	1037,72
46,16	256,41	131,36	1364,72	236,43
1233,10	636,69	456,73	477,37	1276,99
657,40	186,38	1978,34	1625,92	838,23
1874,88	1027,37	1503,01	1098,35	985,20
841,02	416,41	250,95	426,77	95,30
1731,40	1249,76	713,03	846,91	304,37
796,06	658,70	942,75	14,58	1876,47
1158,76	481,06	1507,35	1706,98	1319,30
1105,47	855,86	211,86	346,05	725,18
889,50	1925,75	1532,06	487,51	907,58
1081,13	1689,72	1645,30	1178,35	1021,53
571,17	869,61	1404,88	895,27	1490,96
155,66	118,50	984,70	230,96	1990,56
591,92	847,78	874,44	816,74	1835,99
487,57	1475,49	719,55	847,79	1989,20
1927,85	1514,39	944,74	1532,20	1943,87
621,09	1227,85	1407,89	429,12	1116,11
362,70	486,05	512,76	998,47	1511,30
1834,57	1012,61	422,50	141,93	1267,78
1937,05	1923,61	1830,16	1599,89	988,14
159,01	1097,24	1989,12	1602,79	1511,57
1987,99	492,90	1815,86	1171,86	1251,73
719,97	235,96	1176,63	112,69	1891,23
1147,05	1433,56	660,17	1428,04	408,16
1676,29	1715,50	1002,99	1977,51	1502,23
1941,45	1186,61	164,83	234,95	1216,56
1536,23	1488,49	380,14	1873,58	249,36
142,21	20,50	1788,43	1634,46	695,16
437,01	660,60	1636,53	1053,26	1899,72
1839,59	316,70	529,70	1418,33	996,57
1250,01	1120,38	1442,39	1472,88	1047,95
286,68	1564,02	614,88	380,69	1287,80
146,56	712,20	709,70	107,36	1515,96
935,99	1601,20	1923,34	1259,43	1691,82
1804,61	628,44	1600,86	537,29	28,04
1693,02	94,42	378,90	1686,66	1644,67
1255,96	1602,72	1872,51	1895,16	339,32
366,79	734,80	754,85	1718,14	648,43

10 Die 137-Cent-Münze fehlt!

Hätte Europa eine 133- oder 137-Cent-Münze, so würde sich die Effizienz bei der Herausgabe von Wechselgeld deutlich verbessern, so die Erkenntnis des kanadischen Mathematikers Jeffrey O. Shallit.
In Europa sind 1-, 2-, 5-, 10-, 20- und 50-Cent- sowie 1- und 2-Euro-Münzen im Gebrauch, denkbar ungeeignet für das Wechselgeld, wenn ein Kunde beispielsweise mit Scheinen bezahlt.

Mit der Einführung der oben genannten ungeraden Münzen könnte das Wechselgeld von momentan durchschnittlich 4,6 auf 3,92 Münzen pro Zahlvorgang verringert werden, was eine Senkung der Kosten mit sich bringen würde.

Viele Menschen würden vor der Kopfrechenaufgabe allerdings kapitulieren und könnten noch leichter über den (Laden)Tisch gezogen werden.

In Finnland versucht man daher seit der Euro-Einführung einen anderen Weg zu gehen, um Handhabungskosten von Münzen zu senken. Dort sind praktisch keine 1- und 2-Cent-Stücke im Umlauf. Rechnungen werden einfach auf Vielfache von 5-Cent-Beträgen gerundet. Als Nebeneffekt sind finnische 1- und 2-Cent-Münzen unter Sammlern sehr begehrt und daher deutlich wertvoller, als es ihre Prägung vermuten ließe.

1. Untersuche, wie viele Münzen eine Verkäuferin oder ein Verkäufer durchschnittlich beim Wechselgeld zurückgeben muss.

Datei: 137 cent.xls **Tabellenblatt Wechselgeld**

	A	B	C	D	E	F	G	H	I	J	K	L	M	N	O	P	Q	R	S	T
1	Einkauf bis							Münzen mit Wert von												
2	75 €	gezahlt mit	Wechselgeld		2,00 €	1,00 €	0,50 €	0,20 €	0,10 €	0,05 €	0,02 €	0,01 €	Anzahl			0: zurücksetzen				
3	65,54 €	70 €	4,46 €		2	0	0	2	0	1	0	1	6			1: aufaddieren		1		
4	13,50 €	15 €	1,50 €		0	1	1	0	0	0	0	0	2							
5	35,72 €	40 €	4,28 €		2	0	0	1	0	1	1	1	6							
6	59,94 €	60 €	0,06 €		0	0	0	0	0	1	0	1	2				für Wechselgeld benötigte			
7	58,55 €	60 €	1,45 €		0	1	0	2	0	1	0	0	4				Münzen		Münzen	
8	59,91 €	60 €	0,09 €		0	0	0	0	0	1	2	0	3			Einkäufe			pro Einkauf	
9	17,09 €	20 €	2,91 €		1	0	1	2	0	0	0	1	5			20	86		4,300	
10	29,11 €	30 €	0,89 €		0	0	1	1	1	1	2	0	6			85940	395682		4,604	
11	67,21 €	70 €	2,79 €		1	0	1	1	0	1	2	0	6							
12	68,91 €	70 €	1,09 €		0	1	0	0	0	1	2	0	4							
13	8,40 €	10 €	1,60 €		0	1	1	0	1	0	0	0	3							
14	5,79 €	10 €	4,21 €		2	0	0	1	0	0	0	1	4			Neue Zufallszahlen: F9				
15	0,77 €	5 €	4,23 €		2	0	0	1	0	0	1	1	5							
16	60,56 €	65 €	4,44 €		2	0	0	2	0	0	2	0	6			Einstellungen:				
17	45,99 €	50 €	4,01 €		2	0	0	0	0	0	0	1	3			Extras				
18	12,83 €	15 €	2,17 €		1	0	0	0	1	1	1	0	4			Optionen				
19	46,75 €	50 €	3,25 €		1	1	0	1	0	1	0	0	4			Berechnung				
20	41,89 €	45 €	3,11 €		1	1	0	0	1	0	0	1	4				Iteration	☑		
21	38,72 €	40 €	1,28 €		0	1	0	1	0	1	1	1	5				Max. Iterationszahl: 1			
22	44,34 €	45 €	0,66 €		0	0	1	0	1	1	0	1	4							
23																Extras				
24																Add Ins				
25																☑	Analysefunktion			
26																				

2. Wie ändert sich die durchschnittliche Anzahl der Münzen beim Wechselgeld bei Einführung einer 133-Cent- bzw. einer 137-Cent-Münze?

Datei: 137 cent.xls **Tabellenblatt Neue Münzen**

	A	B	C	D	E	F	G	H	I	J	K	L	M	N	O	P	Q	R	S	T
1	Einkauf bis							Münzen mit Wert von												
2	100 €	gezahlt mit	Wechselgeld		2,00 €	1,37 €	1,00 €	0,50 €	0,20 €	0,10 €	0,05 €	0,02 €	0,01 €	Anzahl		0: zurücksetzen				
3	67,29 €	70 €	2,71 €		1	0	0	1	1	0	0	0	1	3		1: aufaddieren		1		
4	94,48 €	95 €	0,52 €		0	0	0	1	0	0	0	1	0	2						
5	64,59 €	65 €	0,41 €		0	0	0	0	2	0	0	0	1	2						
6	54,68 €	55 €	0,32 €		0	0	0	0	1	1	0	1	0	3			für Wechselgeld benötigte			
7	94,44 €	95 €	0,56 €		0	0	0	1	0	0	1	0	1	2			Münzen		Münzen	
8	83,23 €	85 €	1,77 €		0	1	0	0	2	0	0	0	0	3		Einkäufe			pro Einkauf	
9	62,98 €	65 €	2,02 €		1	0	0	0	0	0	0	1	0	2		20	61		3,050	
10	10,53 €	15 €	4,47 €		2	0	0	0	2	0	1	1	0	6		62380	246279		3,948	
11	78,60 €	80 €	1,40 €		0	1	0	0	0	0	0	1	1	2						
12	89,50 €	90 €	0,50 €		0	0	0	1	0	0	0	0	0	1						
13	76,52 €	80 €	3,48 €		1	1	0	0	0	1	0	0	1	3						
14	13,04 €	15 €	1,96 €		0	1	0	1	0	0	1	2	0	5			Neue Zufallszahlen: F9			
15	65,72 €	70 €	4,28 €		2	0	0	0	1	0	1	1	1	5						
16	9,68 €	10 €	0,32 €		0	0	0	0	1	1	0	1	0	3			Einstellungen:			
17	27,40 €	30 €	2,60 €		1	0	0	1	0	1	0	0	0	3			Extras			
18	48,95 €	50 €	1,05 €		0	0	1	0	0	0	1	0	0	2			Optionen			
19	28,46 €	30 €	1,54 €		0	1	0	0	0	1	1	1	0	4			Berechnung			
20	89,76 €	90 €	0,24 €		0	0	0	0	1	0	0	2	0	3				Iteration ☑		
21	62,60 €	65 €	2,40 €		1	0	0	0	2	0	0	0	0	3				Max. Iterationszahl: 1		
22	54,71 €	55 €	0,29 €		0	0	0	0	1	0	1	2	0	4						
23																	Extras			
24																	Add Ins			
25																		☑ Analysefunktion		

3. Welche Veränderungen ergeben sich beim finnischen Modell?

Datei: 137 cent.xls **Tabellenblatt Finnland**

	A	B	C	D	E	F	G	H	I	J	K	L	M	N	O	P	Q	R	S	T
1	Einkauf bis							Münzen mit Wert von												
2	100 €	gezahlt mit	Wechselgeld		2,00 €	1,00 €	0,50 €	0,20 €	0,10 €	0,05 €	0,02 €	0,01 €	Anzahl			0: zurücksetzen				
3	75,45 €	80 €	4,55 €		2	0	1	0	0	1	0	0	4			1: aufaddieren		1		
4	26,05 €	30 €	3,95 €		1	1	1	2	0	1	0	0	6							
5	16,75 €	20 €	3,25 €		1	1	0	1	0	1	0	0	4							
6	28,15 €	30 €	1,85 €		0	1	1	1	1	1	0	0	5				für Wechselgeld benötigte			
7	98,30 €	100 €	1,70 €		0	1	1	1	0	0	0	0	3				Münzen		Münzen	
8	76,30 €	80 €	3,70 €		1	1	1	1	0	0	0	0	4			Einkäufe			pro Einkauf	
9	84,40 €	85 €	0,60 €		0	0	1	0	1	0	0	0	2			20	68		3,400	
10	65,50 €	70 €	4,50 €		2	0	1	0	0	0	0	0	3			28660	98758		3,446	
11	64,80 €	65 €	0,20 €		0	0	0	1	0	0	0	0	1							
12	74,75 €	75 €	0,25 €		0	0	0	1	0	1	0	0	2							
13	64,55 €	65 €	0,45 €		0	0	0	2	0	1	0	0	3							
14	81,00 €	85 €	4,00 €		2	0	0	0	0	0	0	0	2			Neue Zufallszahlen: F9				
15	25,55 €	30 €	4,45 €		2	0	0	2	0	1	0	0	5							
16	69,40 €	70 €	0,60 €		0	0	1	0	1	0	0	0	2			Einstellungen:				
17	79,80 €	80 €	0,20 €		0	0	0	1	0	0	0	0	1			Extras				
18	26,55 €	30 €	3,45 €		1	1	0	2	0	1	0	0	5			Optionen				
19	54,85 €	55 €	0,15 €		0	0	0	0	1	1	0	0	2			Berechnung				
20	90,55 €	95 €	4,45 €		2	0	0	2	0	1	0	0	5				Iteration ☑			
21	75,35 €	80 €	4,65 €		2	0	1	0	1	1	0	0	5				Max. Iterationszahl: 1			
22	71,70 €	75 €	3,30 €		1	1	0	1	1	0	0	0	4							
23																Extras				
24																Add Ins				
25																	☑ Analysefunktion			

LERNHILFEN

EIN FACH MATHE

Erarbeitet von Hans-Peter Anders, Karl-Heinz Barth, Konrad Fecke, Sigurd Hein, Petra Kunert, Gernot Mahn, Hans-Joachim Püffke, Jürgen Thomann, Heyo Wulff

Natürliche Zahlen – Addition und Subtraktion
53 Seiten, vierfarbig, DIN A4, kart., 5. Schuljahr
Best.-Nr. 037300

Teiler, Vielfache und Brüche
58 Seiten, vierfarbig, DIN A4, kart., 6. Schuljahr
Best.-Nr. 037301

Grundlagen der Geometrie
55 Seiten, vierfarbig, DIN A4, kart., 5./6. Schuljahr
Best.-Nr. 037302

Größen und ihre Darstellung
50 Seiten, vierfarbig, DIN A4, kart., 5./6. Schuljahr
Best.-Nr. 037303

Bruchrechnung
47 Seiten, vierfarbig, DIN A4, kart., 6. Schuljahr
Best.-Nr. 037304

Flächen und Körper
66 Seiten, vierfarbig, DIN A4, kart., 5./6. Schuljahr
Best.-Nr. 037305

Multiplikation und Division natürlicher Zahlen
55 Seiten, vierfarbig, DIN A4, kart., 5. Schuljahr
Best.-Nr. 037310

Projekt: Meine neue Schule
20 Seiten, vierfarbig, DIN A4, kart., 5. Schuljahr
Best.-Nr. 037311

Rechnen mit Dezimalbrüchen
43 Seiten, vierfarbig, DIN A4, kart., 6. Schuljahr
Best.-Nr. 037312

Prozent- und Zinsrechnung
48 Seiten, vierfarbig, DIN A4, kart., 7./8. Schuljahr
Best.-Nr. 037313

Terme
54 Seiten, vierfarbig, DIN A4, kart., 7./8. Schuljahr
Best.-Nr. 037314

Statistik und Wahrscheinlichkeitsrechnung
78 Seiten, vierfarbig, DIN A4, kart., 7./8. Schuljahr
Best.-Nr. 037316

Trigonometrie
53 Seiten, vierfarbig, DIN A4, kart., 10. Schuljahr
Best.-Nr. 037321

Gleichungslehre
46 Seiten, vierfarbig, DIN A4, kart., 9./10. Schuljahr
Best.-Nr. 037315

Statistik und Wahrscheinlichkeitsrechnung
45 Seiten, vierfarbig, DIN A4, kart., 9./10. Schuljahr
Best.-Nr. 037317

Lineare Gleichungen und Ungleichungen
52 Seiten, vierfarbig, DIN A4, kart., 7./8. Schuljahr
Best.-Nr. 037325

Modellieren mit Excel
62 Seiten, vierfarbig, DIN A4, kart., 9./10. Schuljahr
Best.-Nr. 037319

Geometrie
86 Seiten, vierfarbig, DIN A4, kart., 7./8. Schuljahr
Best.-Nr. 037322

Rationale Zahlen
49 Seiten, vierfarbig, DIN A4, kart., 7./8. Schuljahr
Best.-Nr. 037326

Übungen zum mittleren Schulabschluss
40 Seiten, vierfarbig, DIN A4, kart., 9./10. Schuljahr
Best.-Nr. 037327

Informationen zum Nulltarif ✆ 08 00 / 1 81 87 87

SCHÖNINGH VERLAG
Postfach 2540 · 33055 Paderborn

Schöningh

E-Mail: info@schoeningh.de
Internet: www.schoeningh-schulbuch.de